**Jeff Borges**

# Programando para Palm OS

## com VB e AppForge

**EDITORA CIÊNCIA MODERNA**

*Programando para Palm OS com VB e AppForge*

Copyright© 2002 Editora Ciência Moderna Ltda.

**Editor:** Paulo André P. Marques

**Supervisão Editorial:** Carlos Augusto L. Almeida

**Produção Editorial:** Tereza Cristina N. Q. Bonadiman

**Capa e Layout:** Amarílio Bernard

**Diagramação:** Érika Loroza

**Revisão:** Daniela Marrocos

**Assistente Editorial:** Daniele M. Oliveira

**FICHA CATALOGRÁFICA**

Borges, Jefferson Gigante Pereira
*Programando para Palm OS com VB e AppForge*
Rio de Janeiro: Editora Ciência Moderna Ltda., 2002.

Sistemas operacionais; programação
I — Título

ISBN: 85-7393-190-6                                    CDD 001642

**Editora Ciência Moderna Ltda.**
**Rua Alice Figueiredo, 46**
**CEP: 20950-150, Riachuelo – Rio de Janeiro – Brasil**
**Tel: (021) 2201-6662/2201-6492/2201-6511/2201-6998**
**Fax: (021) 2201-6896/2281-5778**
**E-mail: lcm@lcm.com.br**
**Home page: www.lcm.com.br**

# Sumário

# Dedicatória

*"Para KaKa, que me fez ver que podemos
concretizar nossos sonhos com dedicação e entusiasmo"*

# Agradecimentos

São muitas as pessoas a quem devo agradecimentos para a execução deste trabalho.

Minha filha Talitha, pela paciência e carinho.

Aos editores Paulo André e Carlos Almeida, por acreditarem em meu trabalho, bem como a todos da Editora Ciência Moderna que me apoiaram com muito profissionalismo e dedicação.

A Lee Schwartz e Doug Benson da AppForge pelo apoio incondicional. *Thanks, my friends! You have a great product and a big fan down here in Brazil!*

Ao M.S.I.A (Movement of Spiritual Inner Awareness, ww.msia.org), representado por Mark Lurie, por conceder o direito de uso das frases de John-Roger e John Morton.

Especialmente a meus pais Raul e Haydée e a meu irmão Jenner, por me apoiarem sempre incondicionalmente.

Um grande abraço a todos e meu muito obrigado!

# Introdução

Quando adquiri meu primeiro Palm, há alguns meses atrás, meu objetivo era apenas utilizá-lo como agenda e organizador pessoal. Mas para minha total surpresa, com algumas "navegadas" na Internet para me informar sobre aplicações para o Palm, me dei conta de todo o universo que existe em torno dessa tecnologia.

Comecei a pesquisar sobre o assunto e agora me vejo escrevendo um livro sobre desenvolvimento de aplicação para Palm OS!

Como já havia programado em VB, encontrei no site da palm (**www.palm.com**) o endereço da AppForge (www.appforge.com) e me interessei.

A AppForge, empresa norte-americana de Atlanta, criada em 1999, criou um VB *add-in*, que permite aos usuários do Visual Basic desenvolver aplicações para o Palm OS de forma rápida.

Fiz o download da versão trial, e em alguns minutos, já estava com uma tela pronta. Achei fantástico.

Resolvi compartilhar minha experiência fazendo uma aplicação simples, mas que poderá servir como base para o desenvolvedor interessado em se iniciar no mundo do desenvolvimento para Palm OS.

Para começar, pressuponho que você já conheça o Visual Basic como ferramenta de programação. Caso não conheça, sempre é hora de aprender.

Existem bons livros de introdução ao VB e você poderá tomar contato com essa poderosa linguagem de programação.

# Capítulo 1

## As ferramentas

O que vamos precisar para nossa aplicação:

- **Visual Basic 6.0**
- **Appforge add in versão trial (disponível no CD que acompanha o livro)**
- **Navegador para a Internet**
- **Acesso à Internet**

É interessante também que você tenha um Palm para testar seus programas, mas não é imprescindível, pois o **AppForge** tem um emulador que lhe permite verificar a aplicação no ambiente VB.

Inicialmente, precisamos do VB *add-in*, que pode ser instalado a partir do CD-ROM que acompanha o livro.

No livro, apresentamos a última versão *Trial* do AppForge, que é a 2.1.

A versão *Trial* pode ser usada por trinta dias, sendo ideal para que você possa conhecer a funcionalidade do produto.

Ela também pode ser obtida no site da **AppForge**, www.appforge.com, mas devido ao tamanho, é preferível instalar a partir do CD.

Existem 4 versões do **AppForge**:

- Palm OS Version Professional Edition
- Pocket PC Version Professional Edition
- Combo Edition Professional
- Personal Edition (para Palm OS)

A versão **combo** permite a criação de programas para Palm OS e também para Pocket PC, e é a que acompanha o livro.

No site da AppForge existem tabelas mostrando as diferenças entre as versões.

A aplicação que apresento pode ser criada até mesmo com a versão **Personal.**

A versão **Personal** do AppForge é ideal para o desenvolvedor independente que deseja se iniciar no mundo de criação de softwares para *handhelds*.

Seu preço é bastante atraente, considerando os preços de ferramentas de software atualmente. Custa em torno de cem dólares.

Esta versão pode ser adquirida no site www.handango.com

Você pode fazer o download e terá uma versão completa, sem necessidade de recompilação do software a cada dois dias.

Utilizei também o Microsoft Access para criar as tabelas que serão utilizadas ao longo do livro, mas elas são fornecidas no CD e não será preciso criá-las.

# A instalação

Para nossa instalação ter sucesso, vamos analisar os pré-requisitos necessários:

- Sistema operacional Windows® 95, 98, NT, 2000, ME ou XP
- 32 MB de memória RAM
- Pentium 90 MHZ

- Drive CD-ROM para quem utilizar o CD que acompanha o livro
- Visual Basic 6.0 com Service Pack 3 ou posterior (se você estiver atualizando do AppForge 1.2 para a versão 2.1 precisará do Service Pack 4 do VB)

O Service Pack 4 poderá ser obtido gratuitamente no site da Microsoft em http://msdn.microsoft.com/vstudio/downloads/updates/sp/vs6/sp4/sp4_dwnld.asp

A Microsoft dividiu a atualização em arquivos múltiplos (de aproximadamente 10 MB cada) para facilitar o download.

A atualização para o Service Pack 3 ou posterior é imprescindível

Uma vez preenchidos os requisitos mínimos, podemos partir para a instalação:

Insira o CD-ROM em seu drive.

O autorun do CD deve apresentar o guia de instalação do AppForge através do navegador instalado em sua máquina.

Nessa página você deve encontrar um link para a instalação, como mostrado abaixo:

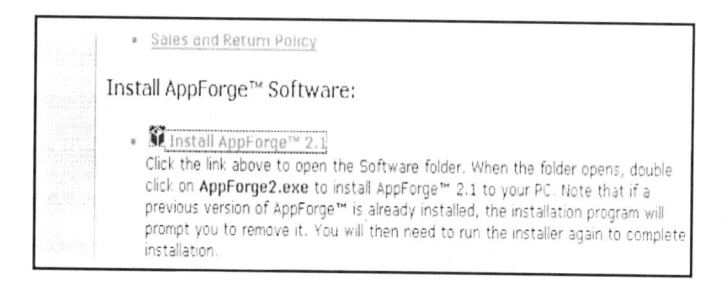

Figura 1.1 - Link para instalação do AppForge

Ao clicar no link, um folder deverá abrir contendo o programa de instalação.

Um duplo clique no ícone do arquivo **AppForge.EXE** irá dar início ao processo.

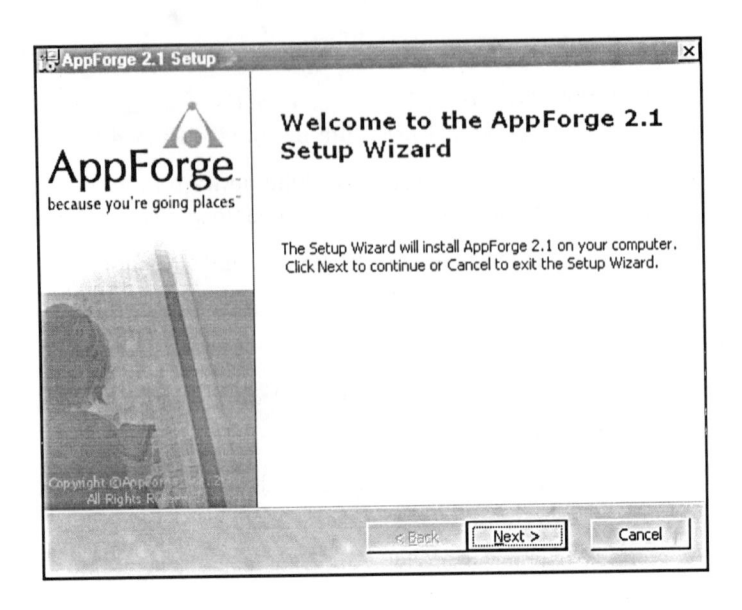

Figura 1.2 - Bem-vindo à instalação do AppForge

Você deverá ver a mensagem Unpacking AppForge 2.1. Em seguida, a janela de boas-vindas do Setup Wizard irá aparecer como mostrado acima:

1. Na janela de boas-vindas do Setup Wizard, clique em Next

2. Leia as instruções sobre o acordo de licença e clique no botão Next

3. A caixa de diálogo Choose Setup Type deverá abrir

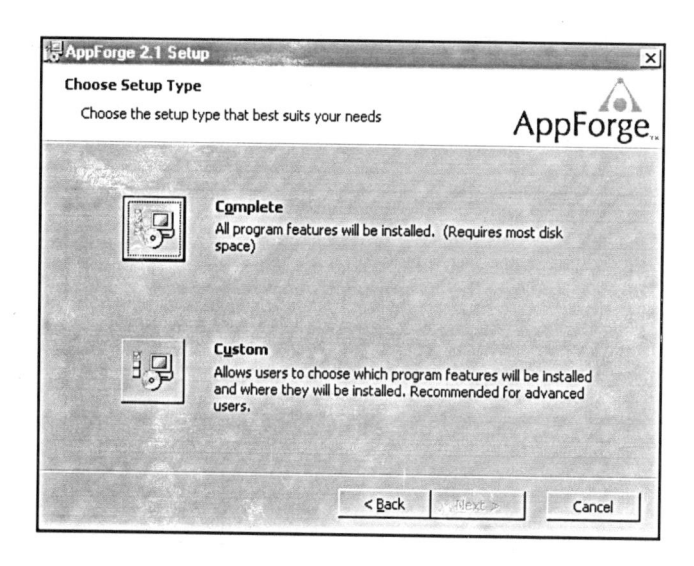

Figura 1.3 - Escolha o tipo de instalação

**4.** Escolha a opção Complete e, na próxima janela, clique em **Install**

**5.** Após a instalação, você verá a janela de Read Me como mostrado abaixo:

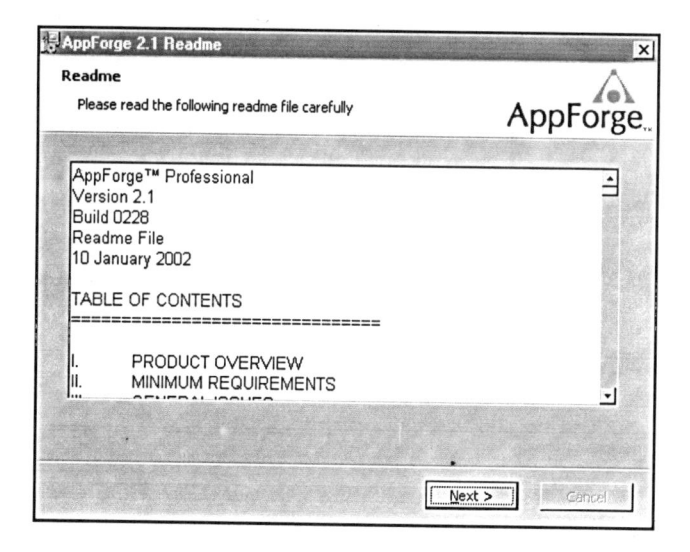

Figura 1.4 - Leia-me do AppForge

**6.** Após a leitura do read me, clique em Next

**7.** Nesse próximo passo você será solicitado a instalar o AppForge Booster através do Installer, como mostrado na figura:

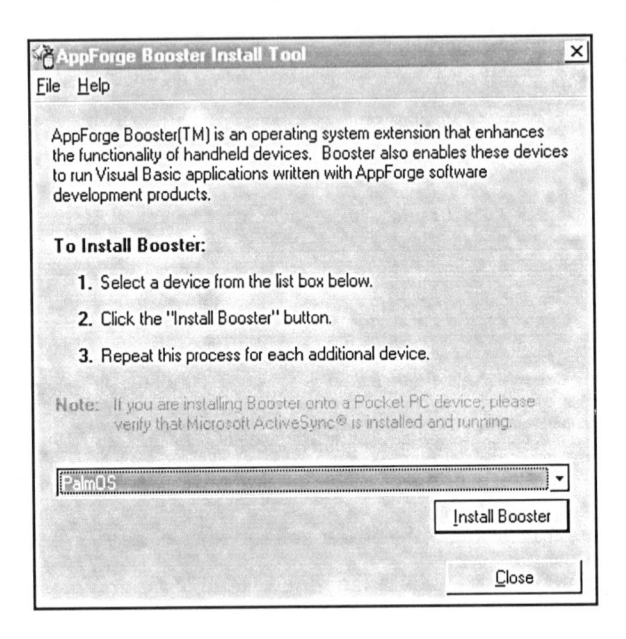

Figura 1.5 - AppForge Booster Install Tool

O AppForge Booster é um run time que nos permite rodar programas escritos em VB na plataforma PALM OS. Ele deve ser instalado no Palm para que os programas escritos em AppForge possam executar.

A Palm Inc., em parceria com a AppForge, disponibiliza o run time gratuitamente aos usuários de programas escritos com o AppForge.

**8.** Clique no botão Install Booster

**9.** Defina o usuário do Palm no qual será feita a operação de Hot Sync (Esse é o nome de usuário que é definido em seu Palm)

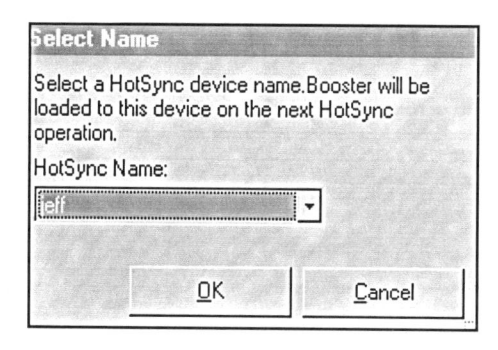

Figura 1.6 - Nome de usuário para o sincronismo

**10.** Clique em OK

**11.** Você verá a mensagem informando que na próxima operação de Hot Sync, o Booster será instalado em seu Palm

**12.** Finalmente, você verá a tela de término da instalação

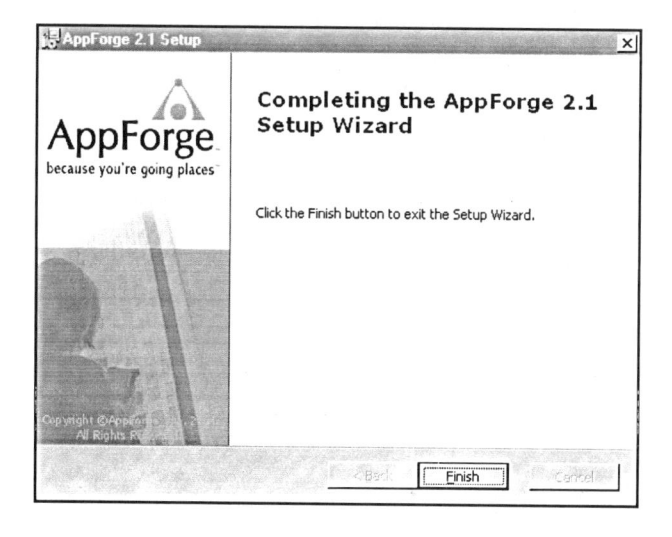

Figura 1.7 - Como completar a instalação

**13.** Clique em Finish

**14.** Para que a instalação prossiga, será necessário reinicializar o computador

# Iniciando o Appforge

Podemos agora verificar o resultado da instalação iniciando o AppForge:

- Clique em Iniciar(Start) no Windows
- Clique em programas (Programs)
- Abra a pasta (folder) AppForge

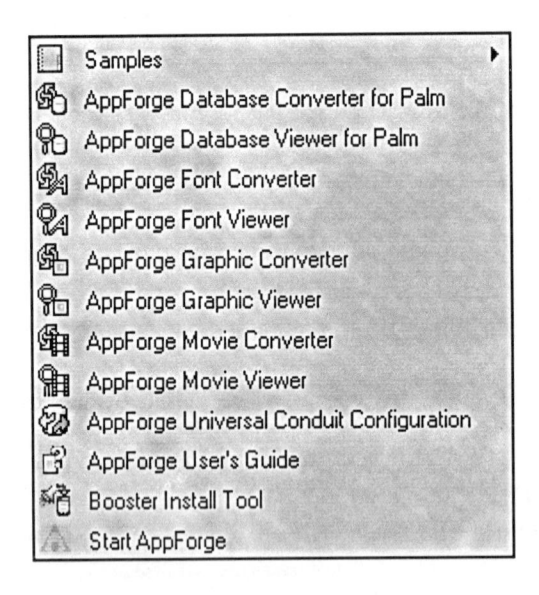

Figura 1.8 – Como iniciar o AppForge

- Clique em **Start AppForge**
- Com isso, o VB 6 será inicializado, e você será apresentado à tela do Project Manager
- Clique em **New Project**
- Selecione a plataforma como **Palm OS**

Agora teremos na barra de menu do VB 6 o AppForge instalado como um *add in*.

Clicando em AppForge na barra de menu você deverá ver:

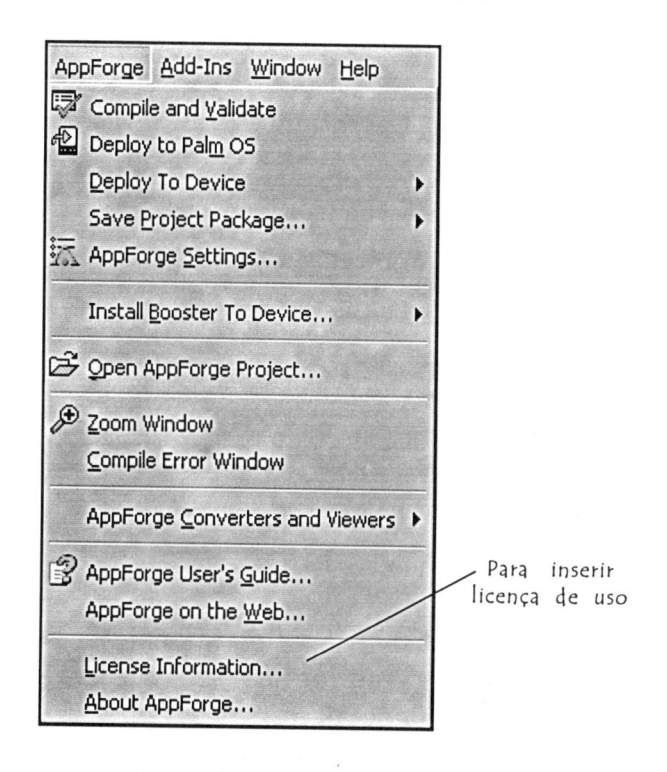

Para inserir licença de uso

Figura 1.9 - AppForge na barra de menu

# Como obter autorização de uso

Para utilizar a versão trial do AppForge, precisamos obter uma license Key (chave de autorização de uso).

Isso é feito através do site da AppForge.

- Conecte-se à Internet
- Vá ao site www.appforge.com
- Clique na opção Free 30 Day full version (como mostrado a seguir)

Try... Download a FREE 30-day full version of AppForge Professional.

Figura 1.10 - Versão trinta dias

Mas tenha calma, você não precisará fazer download de nada.

Precisará apenas da chave que será enviada por e-mail.

Após clicar na opção acima, você estará na tela mostrada abaixo:

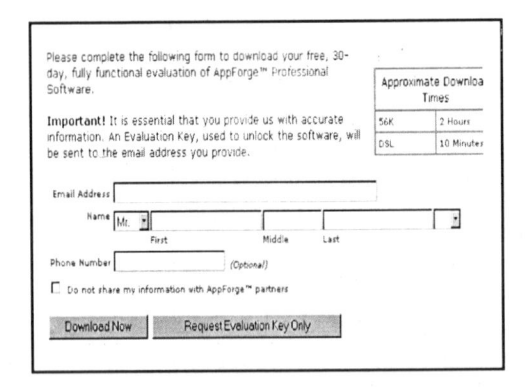

Figura 1.11 - Dados para chave de licença

Preencha com seus dados e clique em **Request Evaluation Key Only**.

Em alguns instantes você receberá em seu e-mail uma chave para desbloquear o produto.

Com essa chave recebida, clique na barra de menu do VB 6 em AppForge e selecione a opção License Information.

Em seguida, clique na opção Enter Key.

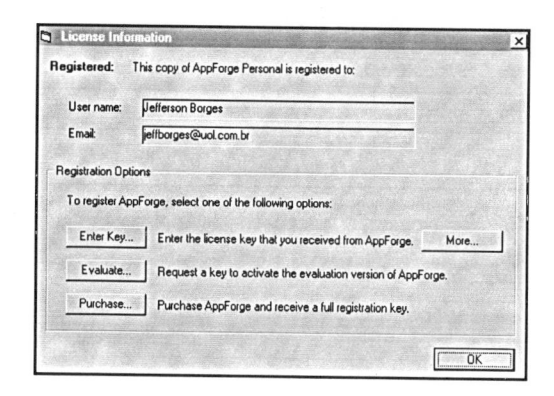

Figura 1.12 - Como inserir a chave de licença

Preencha com os dados solicitados (a recomendação para inserir a chave é que você copie do e-mail recebido e cole no campo de inserção).

Clique em OK.

# O código do livro

No CD-ROM existe um diretório que contém o código utilizado no livro.

Abra o Explorer e verifique a existência em seu CD-ROM do diretório **DataApp_CD**

Ao longo do livro, utilizaremos um diretório de trabalho onde armazenamos o código desenvolvido.

No entanto, durante o desenvolvimento precisaremos de arquivos (como bancos de dados) que estarão no diretório DataApp_CD do CD-ROM.

Farei sempre uma referência a esse diretório, quando precisarmos de arquivos prontos durante o desenvolvimento.

Você pode acessá-los em seu CD-ROM, ou pode criar um diretório em seu disco rígido e transferir os arquivos para ele.

# Capítulo 2

# Definindo a aplicação

Agora que já estamos com o produto instalado, podemos começar nossa aventura.

A aplicação que usaremos como exemplo ao longo do livro tem por objetivo ilustrar os conceitos básicos de desenvolvimento para o sistema operacional Palm OS.

Trata-se de um sistema para acesso a banco de dados.

Com ela aprenderemos a:

- Criar tabelas de banco de dados para Palm OS
- Utilizar as rotinas de acesso às tabelas Palm OS
- Desenvolver telas de interface com o usuário
- Utilizar os controles do Appforge para criar telas visualmente atraentes
- Utilizar a interface de programação de aplicação *(API)* da Appforge para o PALM OS
- Compilar programas para o ambiente Palm OS

Em nossa aplicação, poderemos acessar no Palm OS uma lista de e-mails recebidos com mensagens espirituais que podem apoiá-lo no seu dia a dia.

As mensagens são divulgadas pelo **M.S.I.A** (Movement of Spiritual Inner Awareness). O movimento surgiu na Califórnia, nos anos 60, fundado por John Roger.

As frases fazem parte de um livro que contém mensagens a serem lidas uma a cada dia, e por isso o livro recebeu o nome Amando a Cada Dia (ou Loving Each Day, no original em inglês). Para quem conhece o livro Minutos de Sabedoria, trata-se do mesmo estilo.

Você pode obter mais informações sobre o M.S.I.A. indo ao site www.msia.org

As mensagens podem mudar seu dia.

Estão em inglês e português e poderemos escolher em qual língua vamos consultar.

Obviamente, se você não gostar das mensagens poderá colocar no banco de dados qualquer informação que desejar. Por exemplo, os e-mails que sua namorada ou namorado te enviou nos últimos 4 anos, etc... A escolha é sua.

O objetivo é apenas mostrar como fazer, o famoso ensinar a pescar...

O sistema que criaremos será composto dos seguintes itens:

- Tabelas de e-mail recebidos em inglês e português
- Tela inicial de acesso à aplicação
- Telas para acesso aos e-mails recebidos em duas línguas

Precisaremos também de duas tabelas que irão conter os e-mails recebidos. Uma para os e-mails em português e outra para os e-mails em inglês.

As tabelas serão criadas com o Microsoft Access 2000, e depois serão convertidas para o formato do ambiente Palm OS usando uma ferramenta de conversão que faz parte do produto Appforge, conforme veremos mais tarde.

# Desenhando o aplicativo

Uma das boas práticas em desenvolvimento de software é termos o desenho do nosso projeto bem concebido antes mesmo de começarmos a programar.

Com esse objetivo, vamos pensar hoje no que teremos amanhã.

# Interface com o usuário

Na figura abaixo, podemos ver graficamente as telas de interface que precisaremos na aplicação.

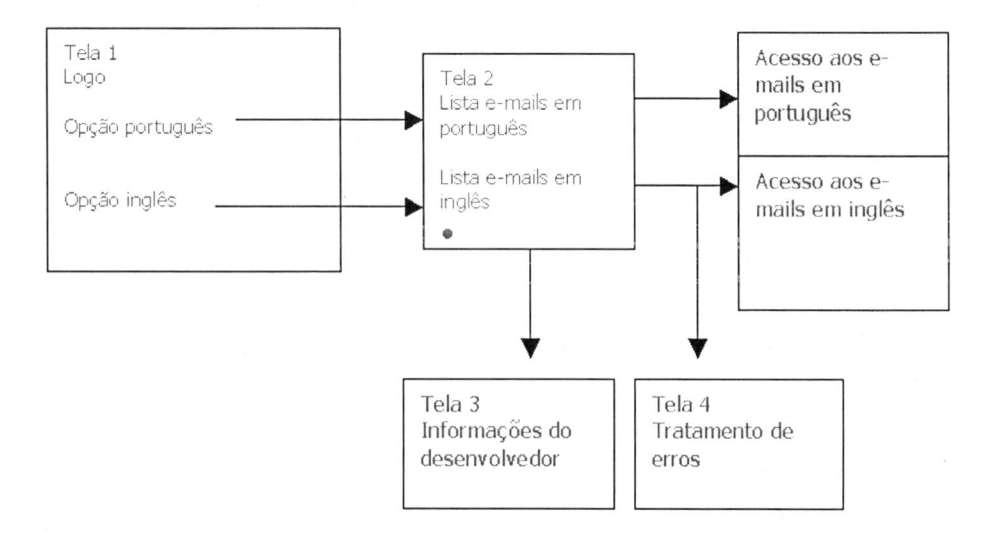

Figura 2.1 - Mapa de telas da aplicação exemplo

## Tela 1

Daremos ao usuário a opção de escolha da linguagem das mensagens. Poderá ser em português ou inglês.

Na tela 1 teremos também um logotipo (onde aprenderemos a usar um arquivo bitmap convertido para a plataforma Palm).

## Tela 2

Aqui apresentaremos os textos em português e em inglês, dependendo da seleção do usuário.Teremos botões de navegação para avançar e retornar.

Acrescentaremos também um logotipo.

## Tela 3

Neste formulário incluiremos informações sobre o desenvolvedor. Conterá também bitmaps convertidos para o formato do Palm OS.

## Tela 4

Um formulário para tratamento de erros nas conexões aos bancos de dados.

# Tabelas de dados

Precisaremos também de duas tabelas Access, distintas, para armazenar os e-mails recebidos.

Essas tabelas foram criadas com o banco de dados Access 2000. Elas terão os seguintes campos:

- Data do e-mail recebido

- Linguagem do e-mail

- Texto da mensagem

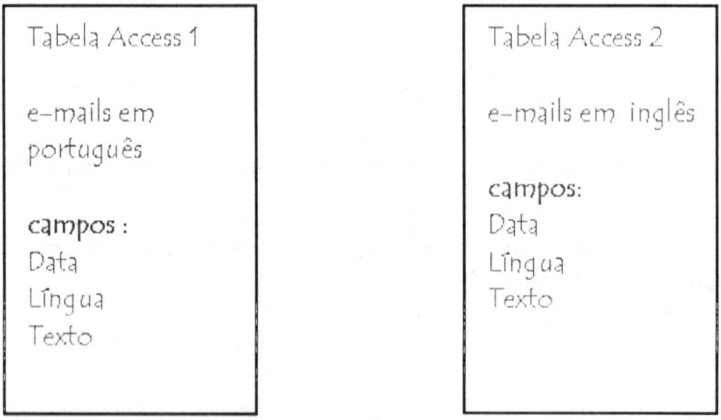

Tabela Access 1

e-mails em
português

campos :
Data
Língua
Texto

Tabela Access 2

e-mails em inglês

campos:
Data
Língua
Texto

Figura 2.2 - Tabelas de e-mail

# Programas para Palm OS

Se você é um usuário Palm OS e já instalou programas em sua máquina, deve ter notado que a extensão dos programas é .PRC, diferentemente da extensão .EXE a qual já nos habituamos tanto no ambiente Windows.

Após compilarmos a nossa aplicação, teremos então um arquivo .PRC que terá um tamanho bem pequeno se comparado aos programas criados com o VB para o ambiente Windows.

No entanto, um programa criado com o VB 6.0 e o produto Appforge, precisará de um **run-time** para rodar no ambiente Palm OS. Um **run-time** é um interpretador de instruções que permite a execução do programa dentro do sistema operacional.

Este interpretador de instruções, chamado pela Appforge de "Booster", deverá então ser instalado em conjunto com sua aplicação no Palm. Hoje, o tamanho em bytes do Booster é de aproximadamente 350 K. O Booster pode ser obtido no site da Appforge (www.appforge.com) e é gratuito na versão para Palm OS, graças a uma parceria entre a Palm Inc. e a AppForge.

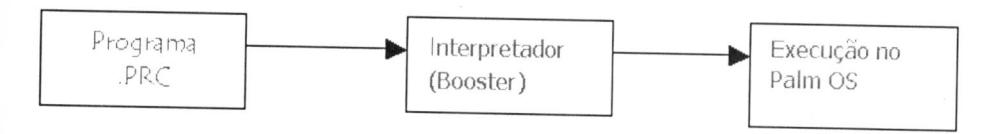

Figura 2.3 - Interpretador de comandos (Booster)

# Bancos de dados para Palm OS

No sistema do Palm, os bancos de dados tem extensão PDB.

Com o produto Appforge, temos um conversor de banco de dados que iremos usar para converter tabelas criadas com o Access 2.0 para o formato .PDB.

Além disso, como veremos mais adiante, o conversor da Appforge cria rotinas em VB para acessos de leitura e escrita nas tabelas .PDB automaticamente.

# Capítulo 3

## Iniciando
## o desenvolvimento

Agora que temos a aplicação definida, vamos passar à programação com o Appforge e VB.

Para nosso projeto, vamos criar um diretório onde poderemos manter os módulos do programa de forma organizada.

**É importante que todos os arquivos utilizados estejam no mesmo diretório da aplicação.**

Com a instalação do AppForge, foi criado em seu diretório de arquivos de programas um diretório chamado AppForge.

Dentro desse diretório foi criado VB Toolkit\samples, onde existem vários programas exemplo. Nesse diretório, iremos criar nosso diretório de trabalho **DataApp,** de modo que tenhamos a seguinte árvore de diretório:

**\arquivos de programas\AppForge\VB Toolkit\samples\DataApp**

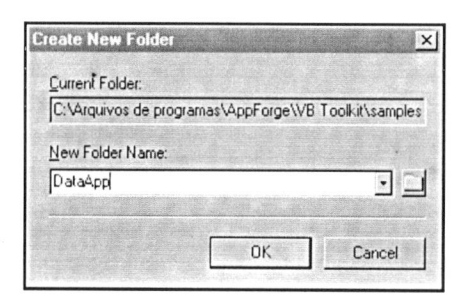

Figura 3.1 - Como criar o diretório de trabalho

Com o diretório criado, podemos iniciar o VB 6. Clique em **New Project**, e com o AppForge instalado você deve ter a seguinte opção em seus projetos:

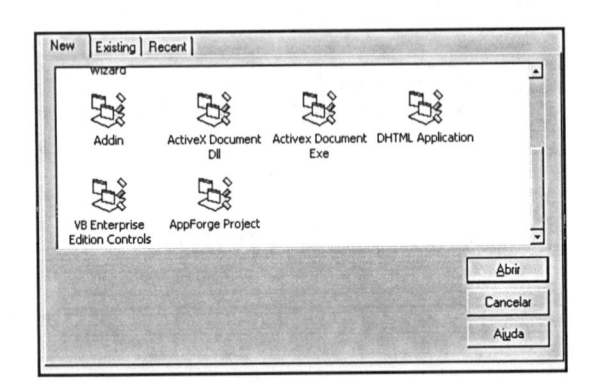

Figura 3.2 - Como iniciar o projeto AppForge

Escolha a opção AppForge Project e clique em OK.

Em seguida, escolha como plataforma *target* o Palm OS.

Teremos agora o primeiro formulário no formato para o Palm OS.

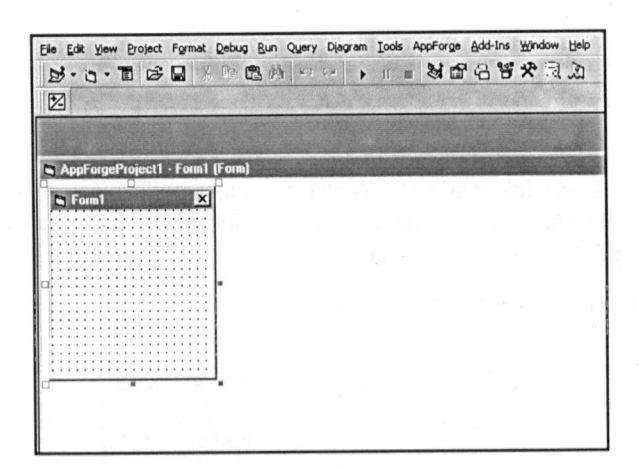

Figura 3.3 - O primeiro formulário

Com o form1 aberto, podemos identificar os controles que a AppForge disponibiliza. São os controles que iniciam com AF.

# Ingots

A AppForge batizou esses controles de Ingots.

Para facilitar nosso trabalho, podemos criar na caixa de ferramentas do Visual Basic um " Tab", onde podemos colocar os controles do AppForge.

- Clique com o botão direito do mouse sobre a caixa de ferramentas
- Clique em Add Tab
- Em New Name, digite Ingots
- Clique em OK

Agora temos uma área na caixa de ferramentas onde podemos colocar os Ingots da AppForge. Assim ficará mais fácil a visualização dos controles (ingots) para o desenvolvimento no ambiente do Palm.

São 30 Ingots disponibilizados:

- AFButton
- AFShape
- AFFilmStrip
- AFGraphic
- AFGraphicButton
- AFGrid
- AFLabel
- AFListbox
- AFRadioButton
- AFSerial
- AFTextBox
- AFTimer
- AFTone
- AFVScrollBar
- AFHScrollBar
- AFTimePicker

- AFDatePicker
- AFSpriteField
- AFSpriteTemplate
- AFScanner
- AFSignatureCapture
- AFINetHTTP
- AFClientSocket
- AFWidget

Agora você pode arrastar os ingots para o Tab Ingots da caixa de ferramentas, ficando com uma aparência como essa:

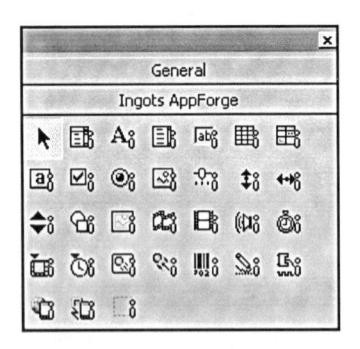

Figura 3.4 – Ingots AppForge

Com esses controles poderemos desenhar os formulários para palm OS como qualquer formulário de VB para Windows.

Na primeira tela de nosso projeto usaremos os seguintes ingots:

AFButton

AFGraphic

# O formulário inicial

Nosso primeiro formulário será a tela de escolha de linguagem, conforme nosso projeto discutido no Capítulo 2.

Para isso, clique no ingot AFButton e desenhe no formulário um botão como o abaixo:

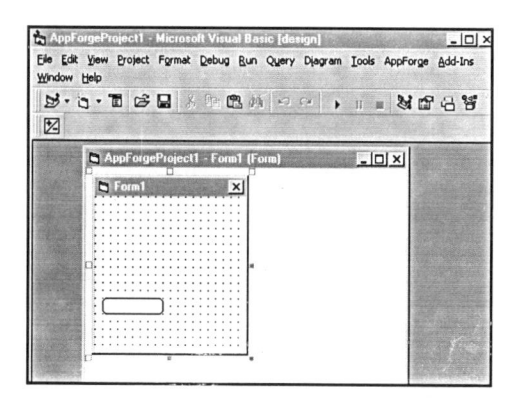

Figura 3.5 - O primeiro botão de linguagem

Para simplificar o processo de criação das telas e obter um formato padrão para a aplicação, aconselho a usar as propriedades dos ingots de acordo com as sugestões apresentadas no livro.

Assim, veja na tabela abaixo como ficam as propriedades do ingot AFButton1, que acabamos de inserir no formulário.

| Propriedade | |
|---|---|
| **Appearance** | 0-Flat |
| **BackColor** | 0-Background |
| **Caption** | English |
| **ForeColor** | 3-Black |
| **Name** | BtnEnglish |
| **Height** | 17 |
| **Left** | 8 |
| **Top** | 112 |
| **Width** | 65 |

Tabela 3.6 - Propriedades do botão BtnEnglish

Note que a posição do ingot no form é comandada pelas propriedades *Height, Left, Top* e *Width*.

Agora podemos incluir mais um *button*.

Arraste um Ingot AFButton para o form e coloque em suas propriedades o que está descrito na tabela abaixo:

| Propriedade | |
|---|---|
| **Appearance** | 0-Flat |
| **BackColor** | 0-Background |
| **Caption** | Português |
| **ForeColor** | 3-Black |
| **Name** | BtnPortugues |
| **Height** | 17 |
| **Left** | 8 |
| **Top** | 136 |
| **Width** | 65 |

Tabela 3.7 - Propriedades do botão BtnPortugues

Esses dois botões nos darão acesso à lista de e-mails em diferentes línguas.

Vamos agora salvar nosso trabalho.

Clique em File e salve o formulário como **frmDataAppLanguage**

Salve o formulário no mesmo diretório que criamos no início do capítulo.

**C:\arquivos de programas\AppForge\VB Toolkit\samples\DataApp**

Agora modifique o nome do formulário para: **frmDataAppLanguage**.

Para isso, use a propriedade Name.

Salve agora o projeto como **DataApp**. Sempre no diretório da aplicação.

# Como converter bitmaps

Nosso próximo passo será incluir um logo no formulário inicial.

Para isso, vamos ver como converter um bitmap para um formato que possa ser visualizado no Palm OS.

Quando você instalou o AppForge notou que uma das ferramentas era o **AppForge Graphic Converter**.

Essa ferramenta será utilizada para converter bitmaps para o formato .RGX

Nesse ponto, você precisará do bitmap MSIA_logo.bmp, disponível no CD-ROM no diretório DataApp_CD.

Copie para nosso diretório de aplicação o arquivo de bitmap.

Abra o programa AppForge Graphic Converter, clique em select e selecione no diretório aplicação o bitmap MSIA_logo.bmp

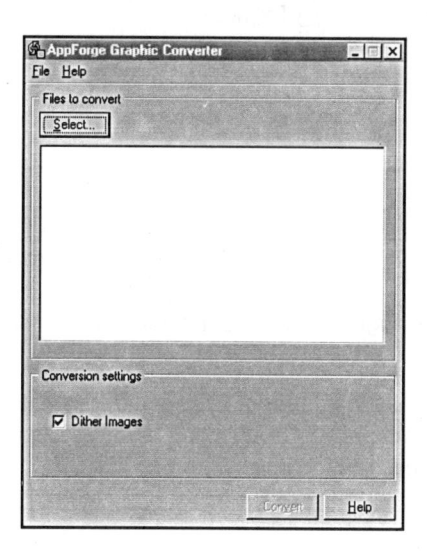

Figura 3.8 - Como converter bitmaps

Clique em Convert e selecione o diretório de aplicação como target.

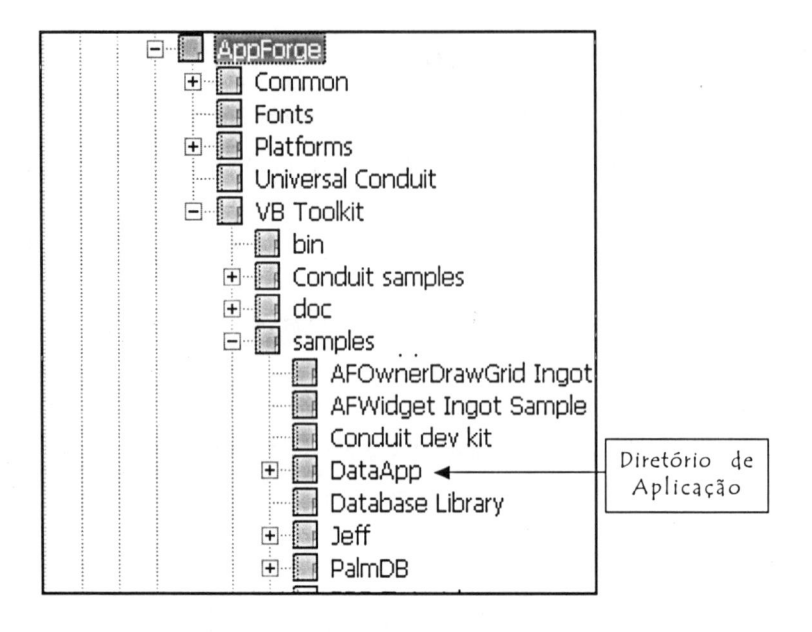

Diretório de Aplicação

Figura 3.9 - Diretório de aplicação

**Clique em OK.**

Agora temos no diretório da aplicação o arquivo MSIA_logo.rgx, que é o bitmap convertido para formato do AppForge.

Podemos então inserir o ingot AFGraphic no form, a fim de incluir o logo da nossa aplicação.

Clique em AFGraphic e desenhe no form. Em seguida, vá em propriedades, e clique em picture. Depois, clique em browse e selecione o arquivo MSIA_logo.rgx que está no diretório da aplicação e clique em Abrir.

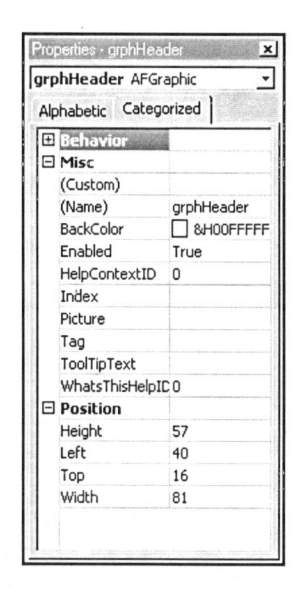

Figura 3.10 - Como inserir o logotipo

Agora você deverá ter em seu form o logo da aplicação como mostrado abaixo:

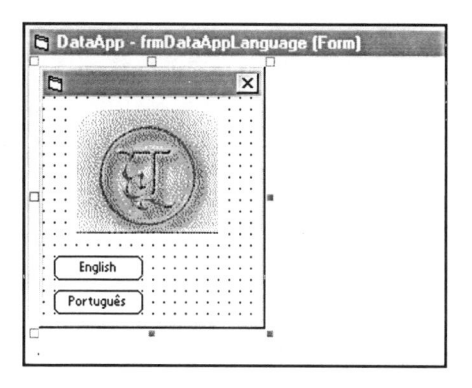

Figura 3.11 - Como visualizar o logotipo

Ajuste as propriedades do ingot AFGraphic de acordo com a tabela a seguir:

| Propriedade | |
|---|---|
| **Picture** | MSIA_logo.rgx |
| **Name** | GrphHeader |
| **BackColor** | 0-Background |
| **Height** | 93 |
| **Left** | 24 |
| **Top** | 8 |
| **Width** | 110 |

Tabela 3.12 - Propriedades do AFGraphic grphHeader

# A sub-rotina principal

Para todos os programas com AppForge, uma sub-rotina **Main** é requerida.

Vamos então incluir nossa primeira sub-rotina do projeto.

Clique em Project, na barra de menu do VB. Clique em Add Module e selecione a opção módulo.

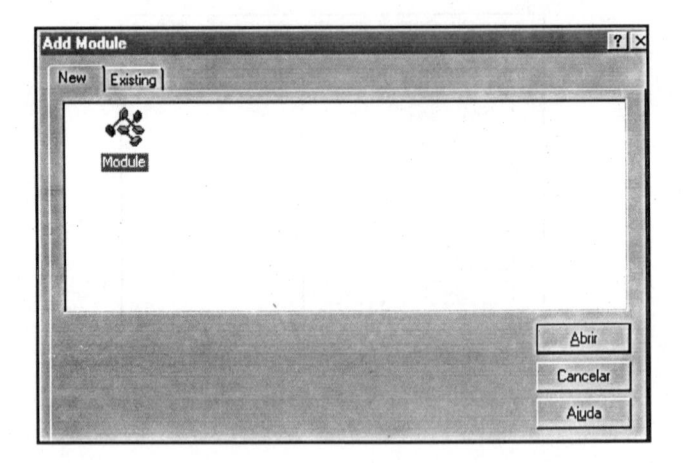

Figura 3.13 - Como inserir o novo módulo de programa

Clique em Abrir.

Isso irá adicionar um novo módulo ao nosso projeto.

Com isso podemos visualizar o novo módulo no Project Explorer, como mostrado abaixo:

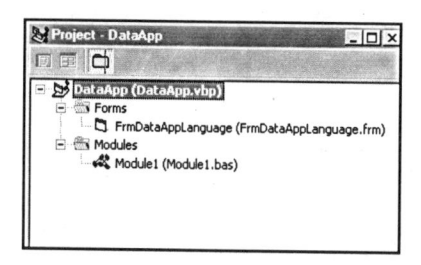

Figura 3.14 - Novo módulo de programa no project Explorer

Configure a propriedade Name do novo módulo como mdlPrincipal

Salve agora o novo módulo, clicando com o botão direito do mouse sobre mdlPrincipal em Project Explorer. Salve no diretório da aplicação com o nome mdlPrincipal.

Você deve ter agora no Project Explorer o seguinte:

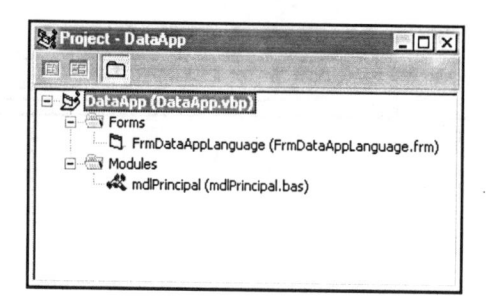

Figura 3.15 - Módulo principal configurado

Agora estamos prontos para colocar nossas primeiras linhas de código. ☺

Dê um duplo clique em mdlPrincipal e digite o código abaixo:

```
Sub Main()
    'load form
    Load frmDataAppLanguage
    'show form
    frmDataAppLanguage.Show
End Sub
```

Com esse código carregamos o formulário na memória e depois o mostramos.

Para que essa rotina seja executada, primeiramente temos que defini-la como um Startup Object.

Para isso, clique em Project, selecione a última opção (DataApp Properties) e defina como Startup project a Sub Main. O project name deve ser definido como DataApp.

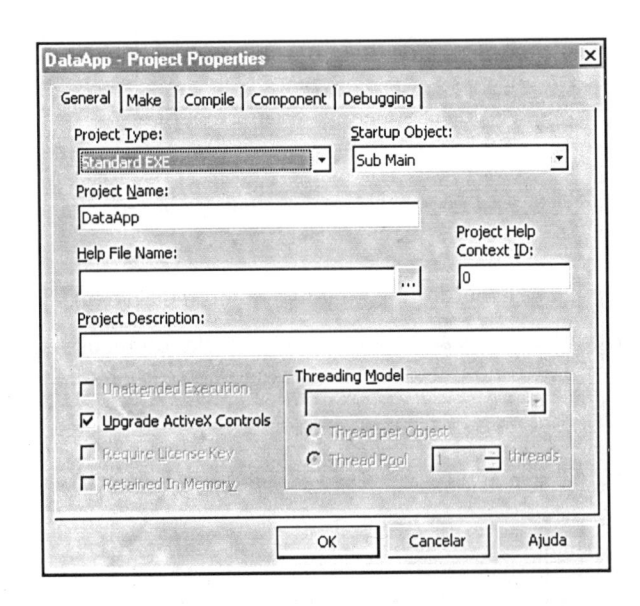

Figura 3.16 – Como configurar as propriedades de projeto

Clique em OK.

Agora já temos um programa.

Salve o projeto clicando em File, Save Project.

# Como rodar
# o primeiro programa

Podemos até mesmo rodar nosso programa nesse momento.

Para isso, clique na barra de menu em Run, Start.

Se tudo correu bem, você deverá ver a seguinte tela em seu computador:

Figura 3.17 - Tela inicial do DataApp

Para interromper a execução, clique em Stop na barra de menu do VB.

Pronto!Você já tem uma idéia de como será a tela inicial de sua primeira aplicação.

# Capítulo 4

## Como preparar
## o banco de dados

Como nossa aplicação é uma ferramenta de acesso a um banco de dados, iremos agora iniciar sua preparação para acessá-lo na plataforma palm.

A ferramenta que utilizei para criar as tabelas foi o Access 2000.

No diretório do CD-ROM DataApp_CD está nosso banco de dados no formato access, DataApp.mdb

Se tiver o Access instalado, dê um duplo clique no ícone do banco de dados e você poderá ver as tabelas que iremos usar.

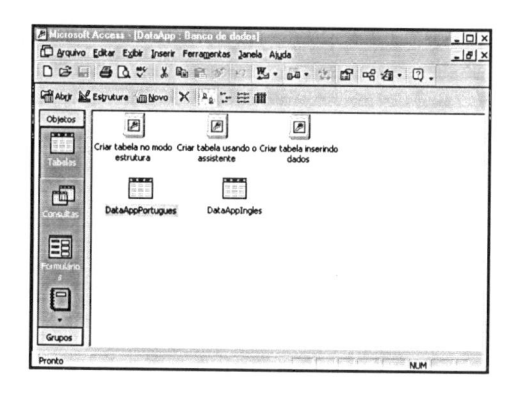

Figura 4.1 – Tabelas do DataApp

Como vimos no Capítulo 2, o AppForge possui um conversor de banco de dados chamado **AppForge Database Converter for Palm.**

Para poder usar tabelas Access no Palm precisamos convertê-las usando o conversor da AppForge.

O database converter faz esse trabalho por nós. Ele não irá converter o banco de dados, mas sim as tabelas, para o formato .PDB

Adicionalmente, o database converter pode criar rotinas em VB para acessos de leitura e escrita nas tabelas automaticamente.

Portanto, na operação de conversão podemos solicitar que ele crie essas rotinas que são disponibilizadas como módulos VB que poderemos usar em nosso programa.

Para isso, abra o folder onde você instalou o AppForge e clique em Appforge Database Converter for Palm.

Na primeira tela, você será solicitado a selecionar o banco de dados a ser convertido. Clique em Select, vá para nosso diretório de aplicação e escolha o banco de dados **DataApp.mdb.**

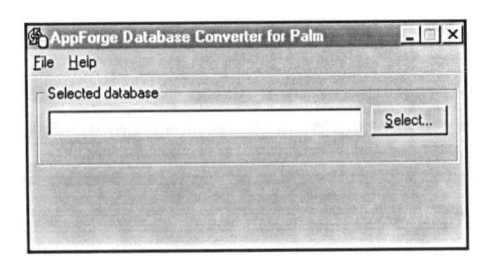

Figura 4.2 – Como selecionar a tabela para conversão

Escolha a tabela DataAppPortugues, clique em convert. Converta a tabela com o mesmo nome, DataAppPortugues e clique em salvar.

Após converter a tabela, você será perguntado se deseja criar um módulo VB para acessar o database conforme mostra a figura abaixo:

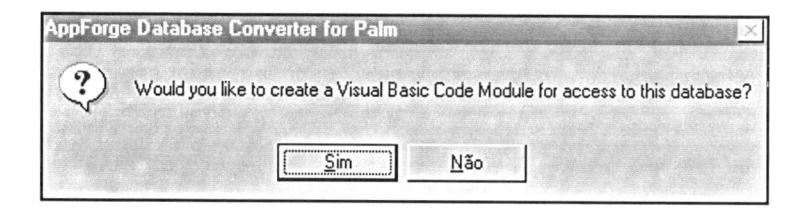

Figura 4.3 - Como criar o Módulo VB de acesso ao Database

Responda sim, e salve o módulo como:

**modDataAppPortuguesDatabase**

Clique em OK e feche o database converter.

Agora já temos nossa tabela em formato PDB e as rotinas de acesso à tabela criada como um módulo VB.

Precisamos agora adicionar o módulo recém-criado ao nosso projeto.

Para adicionar ao project explorer da nossa aplicação siga os seguintes passos:

- Na barra de menu do VB 6 clique em project
- Add module
- Clique na tab Existing
- Selecione o módulo modDataAppPortuguesDatabase
- clique em OK

Agora você terá o módulo de acesso ao banco de dados fazendo parte do nosso projeto.

# Código gerado automaticamente

Com um duplo clique no ícone do módulo modDataAppPortuguesDatabase você verá o código que foi gerado automaticamente pelo Database Converter.

Nele encontraremos:

1) Funções de acesso ao banco de dados

- `OpenDataAppPortuguesDatabase() As Boolean`
  Função para abrir a tabela DataAppPortugues

- `CloseDataAppPortuguesDatabase()`
  Função para fechar a tabela DataAppPortugues

- `Public Function ReadDataAppPortuguesRecord(MyRecord As tDataApp PortuguesRecord) As Boolean`
  Função de leitura de registro da tabela DataApp Portugues

- `Public Function WriteDataAppPortuguesRecord(MyRecord As tDataApp PortuguesRecord) As Boolean`
  Função de escrita de registro na tabela DataAppPortugues

2) Variável global de acesso ao banco de dados

```
Public dbDataAppPortugues As Long
```

3) Tipo de dados para definir acesso aos campos do banco de dados

```
Public Enum tDataAppPortuguesDatabaseFields
    Date_Field = 0
    Language_Field = 1
    year_Field = 2
    subject_Field = 3
End Enum
```

4) Registro para armazenar dados

```
Public Type tDataAppPortuguesRecord
    Date As Date
    Language As String
    year As String
    subject As String
End Type
```

Veremos que esse código gerado pelo conversor tornará nossa vida de programador muito mais fácil.

# Como converter
# a tabela DataAppIngles

Vamos repetir o procedimento para conversão da nossa outra tabela, DataAppIngles.

Abra o AppForge Database Converter, clique em Select e vá para o diretório de nossa aplicação. Selecione o banco de dados DataApp, clique em Abrir e selecione a tabela DataAppIngles.

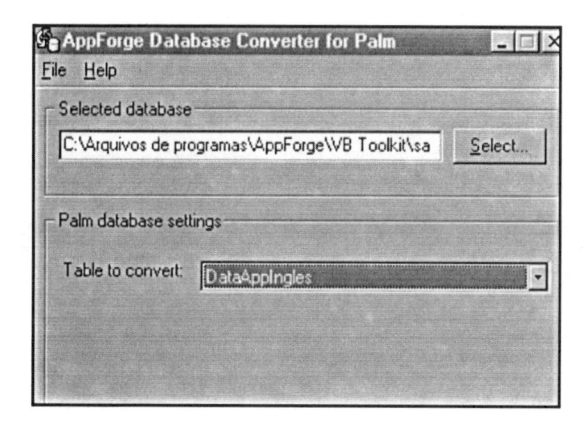

Figura 4.4 - Como selecionar a Tabela DataAppIngles

Clique em Convert. Salve a tabela PDB em nosso diretório de aplicação.

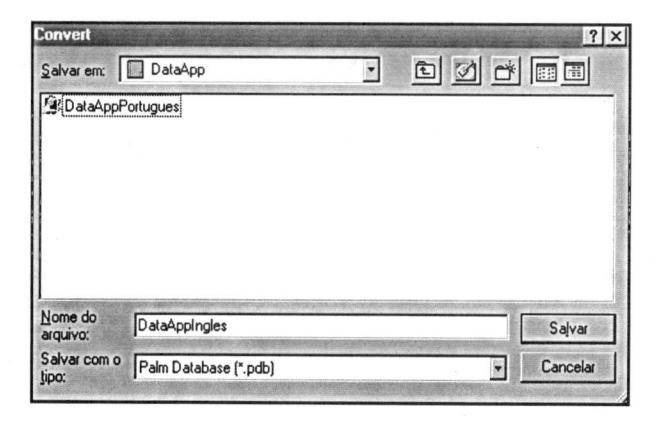

Figura 4.5 - Como converter a tabela DataAppIngles

Escolha criar Visual Basic Code module. Salve o módulo VB como **modDataAppInglesDatabase** no diretório da aplicação.

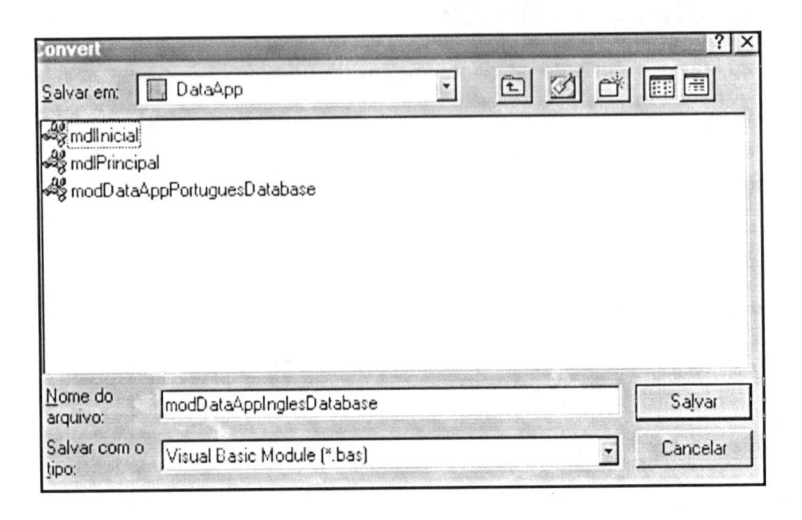

Figura 4.6 - Como salvar o módulo de acesso à tabela DataAppIngles

Clique em OK. Feche o AppForge Database Converter for Palm.

Agora já temos nossas tabelas convertidas do formato Access para o formato PDB do sistema operacional PALM OS.

# Biblioteca
# de funções do AppForge

Além de gerar o código para iniciar o acesso ao nosso banco específico, o AppForge fornece um conjunto de funções prontas para o acesso a banco de dados. É a biblioteca PDB (PDB library).

1. PDBOpen

2. PDBReadRecord

3. PDBCreateRecordBySchema

4. PDBWriteRecord
5. PDBEditRecord
6. PDBSetSortFields
7. PDBDeleteRecord
8. PDBUpdateRecord
9. PDBMoveFirst
10. PDBMoveLast
11. PDBMoveNext
12. PDBMovePrev
13. PDBBOF
14. PDBEOF
15. PDBRecordUniqueID
16. PDBFindRecordbyID
17. PDBFindRecordByField
18. PDBGetLastError

As funções acima são as mais comumente usadas. Consulte a documentação do AppForge para uma lista completa. Com elas podemos realizar uma grande gama de operações com banco de dados. Abrir o banco, ler e escrever registros nos movimentar pelos registros, buscar registros, etc.

Na documentação do AppForge você encontrará mais informações sobre as funções da biblioteca de programação para banco de dados.

Existem outras bibliotecas disponíveis.

- Biblioteca de funções numéricas (AppForge Numeric Library )
- Biblioteca de funções de sistema (AppForge System Library )
- Biblioteca de funções estendidas para Palm OS (AppForge Palm OS Extended Functions)

☐ 📖 AppForge Libraries
    [?] AppForge Libraries Overview
  ⊞ 📘 AppForge Numeric Library
  ⊞ 📘 AppForge System Library
  ⊞ 📘 AppForge Palm OS Extensibility Library
  ⊞ 📘 AppForge Palm OS Extended Functions Library

Figura 4.7 - Ajuda do AppForge para as bibliotecas de funções

Agora já temos nosso banco de dados criado e um módulo com funções de acesso.

Vamos salvar nosso projeto novamente. Clique em File, Save Project.

Nesse momento, o project explorer do VB deve estar como mostrado abaixo:

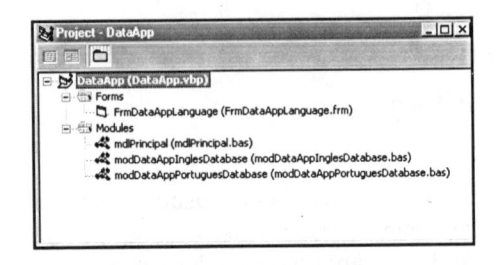

Figura 4.8 - Project Explorer com os formulários e módulos

Já temos um formulário criado frmDataAppLanguage onde iremos escolher qual linguagem iremos visualizar. Vamos agora criar o segundo formulário.

Clique em Project, Add Form. No project explorer deve aparecer um ícone com nome Form1.

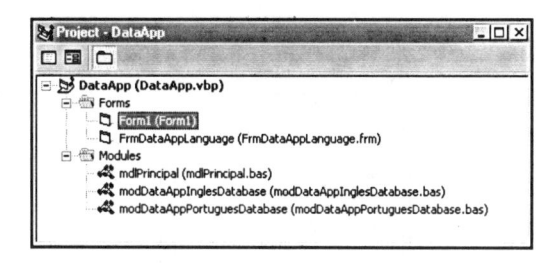

Figura 4.9 - Como adicionar o formulário de acesso ao banco de dados

Com o botão direito do mouse clique em **Form1**e salve o formulário como **frmDataAppAccess**. Não esqueça de salvar no diretório da nossa aplicação:

**\arquivos de programas\AppForge\VB Toolkit\samples\DataApp**

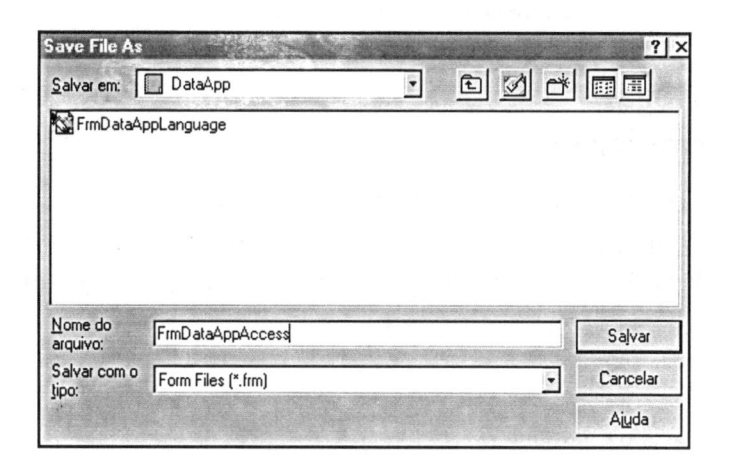

Figura 4.10 - Formulário de acesso ao banco de dados

Agora clique com o botão direito do mouse sobre o ícone do Form1 no project explorer, selecione Properties e na propriedade Name escreva frmDataAppAccess.

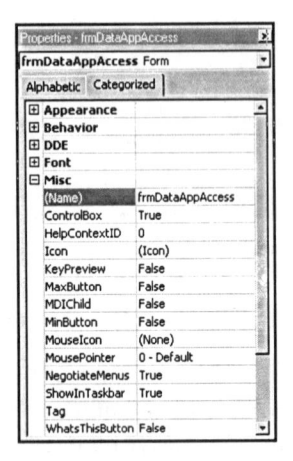

Figura 4.11 - Propriedade Name
do formulário de acesso ao banco de dados

# Como navegar
# entre formulários

Agora vamos nos movimentar entre os formulários que criamos.

Selecione o módulo principal mdlPrincipal, a partir do project explorer. Dê um duplo clique, selecione General, Declarations e insira a variável global Language.

```
Global Language As String
```

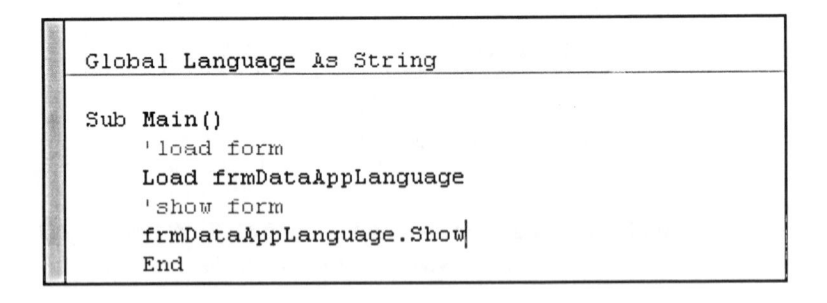

Figura 4.12 - Variável global Language

Com essa variável poderemos escolher a linguagem que iremos visualizar.

Selecione o formulário frmDataAppLanguage. Dê um duplo clique no botão English. Insira o seguinte código:

```
Private Sub BtnEnglish_Click()

Language = "English"
Load frmDataAppAccess
frmDataAppLanguage.Hide
frmDataAppAccess.Show

End Sub
```

Agora dê um duplo clique no botão português do formulário e insira o seguinte código:

```
Private Sub BtnPortugues_Click()

Language = "Portugues"
Load frmDataAppAccess
frmDataAppLanguage.Hide
frmDataAppAccess.Show

End Sub
```

Salve seu projeto.

No código acima, fizemos a escolha da linguagem através da variável global Language e carregamos o formulário frmDataAppAcces na memória do Palm. Ocultamos o frmDataAppLanguage e mostramos na tela do Palm o frmDataAccess.

Nesse momento, podemos rodar o programa e verificar a funcionalidade dos botões.

Clique no botão start do VB e teste os botões.

Quando você clicar em qualquer um dos botões, a tela inicial deve se ocultar e aparecerá uma tela em branco.

Para interromper o programa, clique em stop no VB.

# O formulário de acesso
# ao banco de dados

Para acessar as tabelas PDB vamos utilizar os módulos gerados automaticamente pelo AppForge. As frases da tabela serão mostradas no segundo formulário do projeto.

Vamos agora desenhá-lo com os ingots necessários para mostrar as mensagens.

Neste segundo formulário usaremos os Ingots:

```
AFGraphic

AFLabel

AFTextBox
```

Dê um duplo clique no formulário frmDataAppAccess a partir do project explorer.

Escolha na caixa de ferramentas o ingot AFTextBox.

Clique no formulário e desenhe o textbox.

Ajuste as propriedades do Ingot de acordo com a tabela abaixo:

| Propriedade | |
|---|---|
| **BackColor** | 0-Background |
| **ForeColor** | 0-Background |
| **Name** | AFTxtFrases |
| **Height** | 121 |
| **Left** | 8 |
| **Top** | 32 |
| **Width** | 89 |
| **ScrollBars** | 2-Vertical |

Figura 4.13 - Propriedades de AFTxtFrases

Vamos adicionar o bitmap do MSIA também nessa tela.

Vamos usar a figura MSIA_logo.rgx que está em nosso diretório de aplicação.

Selecione na caixa de ferramentas o ingot AFGraphic. Desenhe no formulário e escolha para a propriedade picture a figura MSIA_logo.rgx

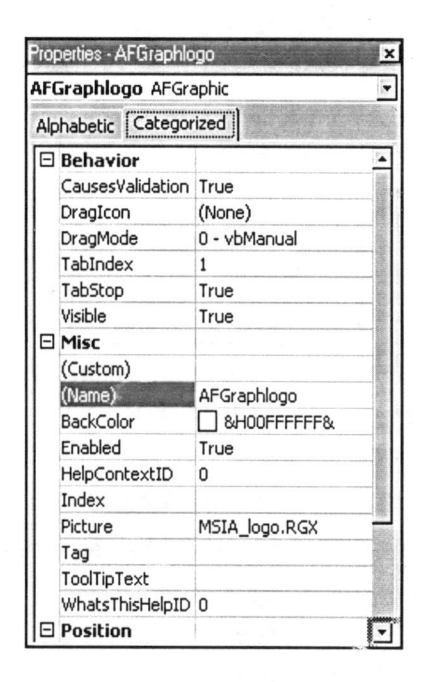

Figura 4.14 - MSIA_logo

Defina as propriedades do Ingot de acordo com a tabela abaixo:

| Propriedade | |
|---|---|
| **Picture** | MSIA_logo.rgx |
| **Name** | AFGraphlogo |
| **Height** | 89 |
| **Left** | 80 |
| **Top** | 0 |
| **Width** | 81 |

Figura 4.15 - Propriedades de AFGraphlogo

Você deve ter agora no formulário uma tela como a seguir:

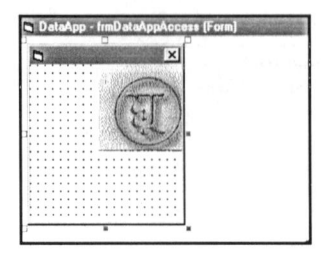

Figura 4.16 - formulário de acesso a dados

Vamos agora acrescentar botões de movimentação.

Escolha na caixa de ferramentas um AFGraphic e acrescente ao formulário.

Vamos adicionar uma figura formato rgx que deve estar no CD-ROM do livro,a figura move_fw.rgx . Copie-a em seu diretório de aplicação.

No menu de propriedades do AFGraphic clique em Picture e procure no diretório da aplicação a figura move_fw.rgx. Insira a figura. Em seguida, altere as propriedades do AFGraphic de acordo com a tabela a seguir:

| Propriedade | |
|---|---|
| **Picture** | move_bw.rgx |
| **Name** | AFGraphBack |
| **Height** | 17 |
| **Left** | 136 |

Figura 4.17 - Propriedades de AFGraphForward

Mais uma vez, adicione ao formulário mais um AFGraphic. Procure na propriedade Picture a figura move_bw.rgx no diretório DataApp_CD do CD-ROM, e copie-a para o diretório de nossa aplicação. Altere as propriedades do AFGraphic de acordo com a tabela a seguir:

| Propriedade | |
|---|---|
| **Picture** | move_bw.rgx |
| **Name** | AFGraphBack |
| **Height** | 17 |
| **Left** | 136 |
| **Top** | 96 |
| **Width** | 17 |

Figura 4.18 - Propriedades de AFGraphBack

Devemos ter agora o formulário com o seguinte aspecto:

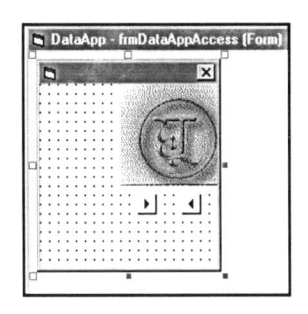

Figura 4.19 - Formulário frmDataAppAccess

Salve seu projeto.

Podemos agora incluir uma forma de retornar ao formulário de escolha de linguagem. Para isso, vamos usar o AFGraphLogo (que é um AFGraphic).

Dê um duplo clique na figura do AFGraphlogo e insira o seguinte código:

```
Private Sub AFGraphlogo_Click()

frmDataAppAccess.Hide
Unload DataAppAccess
frmDataAppLanguage.Show

End Sub
```

Com isso, ao clicar no logo da aplicação estaremos retornando ao formulário de escolha de linguagem.

Salve seu projeto e vamos testar a funcionalidade.

Clique em Run, Start.

Clique no botão English. Você deverá ter se movimentado para o formulário seguinte. Agora clique no logo da aplicação e você deverá retornar.

Assim, você deve estar com a seguinte seqüência de telas no Palm:

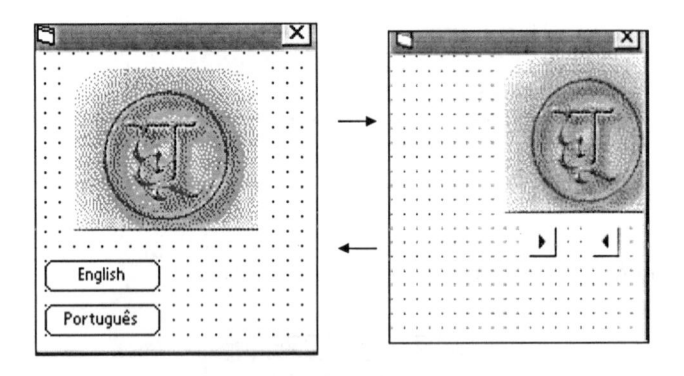

Figura 4.20 - Telas de escolha de linguagem e acesso ao banco de dados

Clique no botão stop do VB.

Agora já estamos navegando entre dois formulários no Palm!

# Capítulo 5

## Como conectar ao banco de dados

Neste capítulo utilizaremos o formulário definido no Capítulo 4 para estabelecer uma conexão ao banco de dados e mostrar as mensagens na tela do Palm.

Utilizaremos os módulos gerados pelo *AppForge Database Converter for Palm* para essa tarefa.

Para utilizar as tabelas em formato PDB, precisamos da mesma maneira que num acesso a um banco de dados Access através do VB, dos seguintes passos:

- Conectar ao banco de dados através de um comando *Open Database*
- Rotinas para ler as linhas do banco de dados

Felizmente, já temos isso pronto. Será plug and play...

Vamos analisar os módulos que foram criados automaticamente para acessar os bancos de dados.

Abra o módulo **modDataAppInglesDatabase**

```
' Use this global to store the database handle
Public dbDataAppIngles As Long
```

No código acima foi criada uma variável que permitirá armazenar o cursor de banco de dados (*Database Handle*) . Essa variável irá determinar qual tabela PDB iremos abrir. Portanto, insira o seguinte código na Sub Form Load ( ) de frmDataAppAccess:

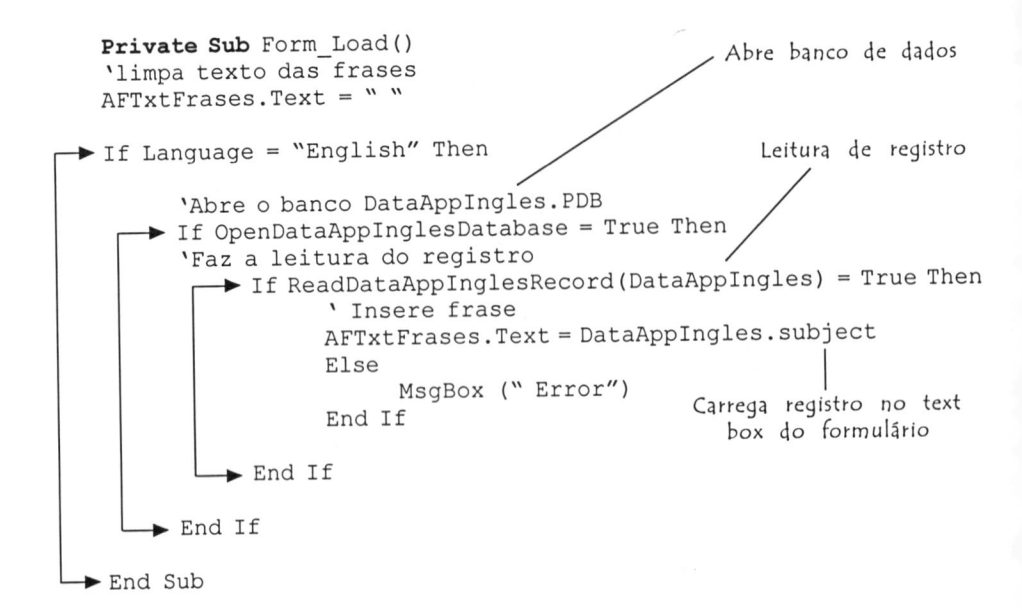

```
Private Sub Form_Load()                          Abre banco de dados
'limpa texto das frases
AFTxtFrases.Text = " "

If Language = "English" Then                     Leitura de registro

    'Abre o banco DataAppIngles.PDB
    If OpenDataAppInglesDatabase = True Then
    'Faz a leitura do registro
        If ReadDataAppInglesRecord(DataAppIngles) = True Then
        ' Insere frase
        AFTxtFrases.Text = DataAppIngles.subject
        Else
                MsgBox (" Error")
        End If                                   Carrega registro no text
                                                 box do formulário
    End If

End If

End Sub
```

No código acima, inicialmente "limpamos" o conteúdo da caixa de texto (textbox).

**AFTxtFrases.Text = " "**

Assim evitamos o risco de manter uma frase no textbox quando navegamos entre os formulários.

Em seguida verificamos se a linguagem escolhida é o inglês ou português, através da variável English.

**If Language = "English" Then**

Em seguida, usamos a função de abertura do banco de dados

**If OpenDataAppInglesDatabase = True Then**

Essa função booleana retorna verdadeiro (True) se conseguir abrir o banco de dados. Assim, testamos se o banco de dados está onde deveria (no diretório correto) e se podemos iniciar as operações de leitura e escrita.

Note que a função **OpenDataAppInglesDatabase** foi criada pelo AppForge Database Converter e está no módulo **modDataAppInglesDatabase.**

Em seguida, fazemos a leitura do registro com a função:

```
If ReadDataAppInglesRecord(DataAppIngles) = True Then
```

Mais uma vez, essa função está no módulo **modDataAppInglesDatabase.**

Com ela, a AppForge já nos deixa pronta a tarefa de ler cada registro e inserir em uma variável, para depois então mostrar na tela.

# Leitura de registros em tabelas Palm

Vamos agora analisar com mais detalhes a função **ReadDataAppInglesRecord** abrindo o módulo **modDataAppInglesDatabase e** notando a função:

```
Public Function ReadDataAppInglesRecord(MyRecord As
tDataAppInglesRecord) As Boolean
ReadDataAppInglesRecord = PDBReadRecord(dbDataAppIngles,
VarPtr(MyRecord))
End Function
```

Note que essa função necessita do parâmetro **MyRecord As tDataAppInglesRecord,**

Onde **tDataAppInglesRecord** é um tipo de dado definido pelo usuário.

Este tipo de dado foi criado pelo AppForge Database Converter, ao analisar nossa tabela DataAppIngles. Assim, o trabalho já foi feito. O tipo de dado é mostrado abaixo:

```
Public Type tDataAppInglesRecord
        Date As Date
        Language As String
        year As String
        subject As String
End Type
```

Assim, é numa variável desse tipo que estaremos armazenando o conteúdo dos registros de nossa tabela DataAppIngles para mostrar na tela do Palm.

Por isso, precisamos definir a variável **DataAppIngles** como sendo do tipo **tDataAppInglesRecord.**

A função de leitura de registro implementada pelo Database Converter facilita nossa vida, pois com ela não precisamos acessar diretamente a biblioteca de funções do AppForge (a PDB Library). Veja que ela faz isso por nós através do comando:

```
PDBReadRecord(dbDataAppIngles, VarPtr(MyRecord)
```

Onde dbDataAppIngles é o apontador do banco de dados *(Data Base Handle)* e VarPtr(MyRecord) é o apontador do endereço da variável onde ficarão armazenadas as informações.

Desse modo, precisamos definir a variável **DataAppIngles** na seção de declarações do formulário como:

```
Option Explicit
Dim DataAppIngles As tDataAppInglesRecord
```

Assim, insira o código acima no formulário **frmDataAppAccess.**

Podemos até fazer um teste e visualizar nossa primeira mensagem na tela.

Salve seu projeto.

Clique no botão run do VB. Selecione a opção English, e você deverá ver a seguinte tela:

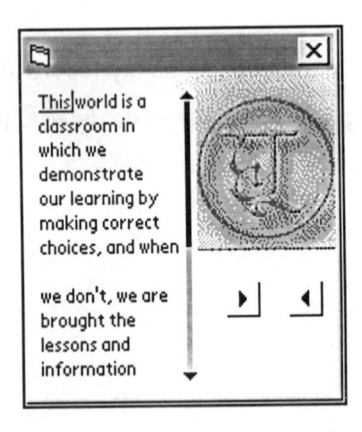

Figura 5.1 - Primeira mensagem na tela do Palm

Ok, já temos nossa primeira mensagem.

Clique no botão stop do VB.

# Como navegar pelo banco de dados em inglês

Vamos então adicionar código para navegar pelo banco de dados.

Para isso vamos criar uma sub-rotina chamada **AdvanceIngles**.

No formulário frmDataAppAccess insira o código:

```
Sub AdvanceIngles ()

End Sub
```

Com essa sub-rotina nos movimentaremos pela tabela de mensagens em inglês. Será a "responsável" por movimentar o cursor do banco de dados para frente e verificar se chegamos ao final.

Insira agora o seguinte código dentro da sub-rotina:

```
PDBMoveNext dbDataAppIngles ──────────────  Movimenta  cursor
                                            do banco de dados


If PDBEOF(dbDataAppIngles) = True Then ─────── Verifica se chegamos
     PDBMoveFirst dbDataAppIngles              ao final da tabela
End If

  If ReadDataAppInglesRecord(DataAppIngles) = True Then
    ' Insere frase                ──────────── Faz a leitura do registro
    AFTxtFrases.Text = DataAppIngles.subject    e insere no text Box
  Else
    MsgBox (" Error")
  End If
```

PDBMoveNext é uma função da PDB Library. Com ela, movemos o cursor do banco de dados para frente. Fazemos isso para poder visualizar a próxima linha.

Com a função PDBEOF verificamos se já chegamos à última linha do banco de dados. Se atingimos o final, usamos então a função PDBMoveFirst para retornar ao primeiro registro da tabela.

As funções da PDB Library foram mencionadas no Capítulo 4 e a documentação do AppForge fornece mais detalhes. Por ora, apenas note que o cursor do banco de dados dbDataAppIngles está presente em todas as chamadas de função de movimentação.

Agora precisamos de um código que se encarregue de chamar a nossa função.

Vamos então inseri-lo.

No formulário frmDataAppAccess dê um duplo clique no botão avançar e insira o seguinte código:

```
Private Sub AFGraphForward_Click()
If Language = "English" Then
AdvanceIngles
Else
End If
End Sub
```

Quando clicamos no botão avançar verificamos se estamos na tabela em inglês, e se estivermos, chamamos a sub-rotina para avançar.

Agora você já deduziu que faremos também uma rotina para avançar na tabela em português.

Por ora, vamos salvar o projeto e navegar...

Clique no botão run do VB. Na tela inicial escolha o botão English, clique agora no botão para avançar e você deverá ver as mensagens subseqüentes.

Clique no botão stop do VB.

Neste momento, já estamos com funções de navegação e precisamos nos certificar de fechar o banco de dados em inglês se quisermos, por exemplo, retornar à tela inicial da aplicação. Com isso garantiremos que ao sair das mensagens em inglês não deixaremos o cursor do banco de dados em uma posição desconhecida.

Para isso, no formulário de acesso ao banco de dados dê um duplo clique no logo e insira o seguinte código na função **Private Sub AFGraphlogo_Click()**:

```
If Language = "English" Then
CloseDataAppInglesDatabase
Else


'Nada por enquanto

End If
```

Com isso, quando quisermos retornar da tela de acesso ao banco de dados, estaremos fechando o banco DataAppIngles sempre.

Exercite agora, clicando no botão run do VB. Clique em English, e agora retorne à tela inicial clicando no logo. Em seguida, clique em English novamente e verifique o que acontece.

Você deverá ter retornado à mensagem inicial do DataAppIngles.

Clique no botão stop do VB.

Vamos agora fazer o caminho inverso e criar a sub-rotina **ReturnIngles**

No código do formulário frmDataAppAccess insira:

```
Sub ReturnIngles()

    PDBMovePrev dbDataAppIngles ──────────────── Movimenta  cursor
                                                  do banco de dados
    If PDBBOF(dbDataAppIngles) = True Then
        PDBMoveLast dbDataAppIngles ──────────── Verifica se chegamos
    End If                                        ao início da tabela

    If ReadDataAppInglesRecord(DataAppIngles) = True Then
        ' Insere frase
        AFTxtFrases.Text = DataAppIngles.subject ── Faz a leitura do registro
    Else                                            e insere no text Box
        MsgBox (" Error")
    End If

End Sub
```

Nesse código, como no código para avançar, verificamos se estamos no início da tabela com a função PDBMovePrev. Se estivermos, nos movemos para o último registro com a função PDBMoveLast.

Assim fechamos o ciclo.

Vamos incluir a chamada à função ReturnIngles no botão retornar.

Para isso, insira o código abaixo:

```
Private Sub AFGraphBack_Click()
If Language = "English" Then
ReturnIngles
Else
'Nada aqui por enquanto
End If
End Sub
```

Nesse momento já podemos experimentar a navegação pela tabela.

Salve o projeto.

Experimente agora com o botão run do VB.

Selecione o botão English, e movimente-se pela tabela clicando nos botões avançar e retornar.

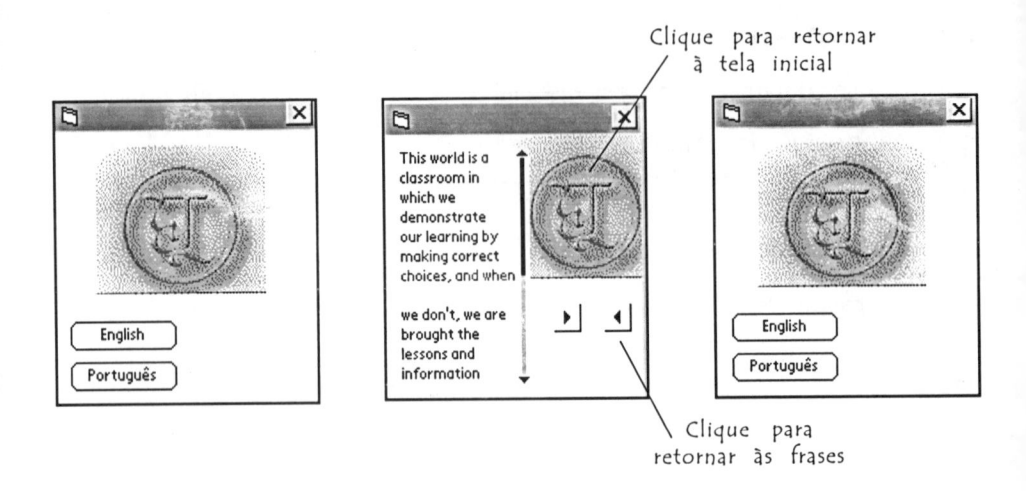

Figura 5.2 - Movimentando-se pela aplicação

Clique no botão stop do VB.

Note que estamos fazendo um movimento circular pela tabela.

Quando chegamos ao final da tabela retornamos ao início e vice-versa.

# Como navegar pelo banco de dados em português

Podemos agora preparar a navegação pela tabela em português.

Lembre-se que no Capítulo 4 incluímos o código no botão português do formulário frmDataAppLanguage. Com esse código designamos a variável Language para acessar a tabela em português.

Com o project explorer, abra o formulário frmDataAppLanguage e dê um duplo clique no botão português. Certifique-se de que você tenha o seguinte código:

```
Private Sub BtnPortugues_Click()

Language = "Portugues"
Load frmDataAppAccess
frmDataAppLanguage.Hide
frmDataAppAccess.Show

End Sub
```

Abra agora o formulário frmDataAppAccess. Dê um duplo clique. Você deve estar agora no código da sub-rotina Form_Load ()

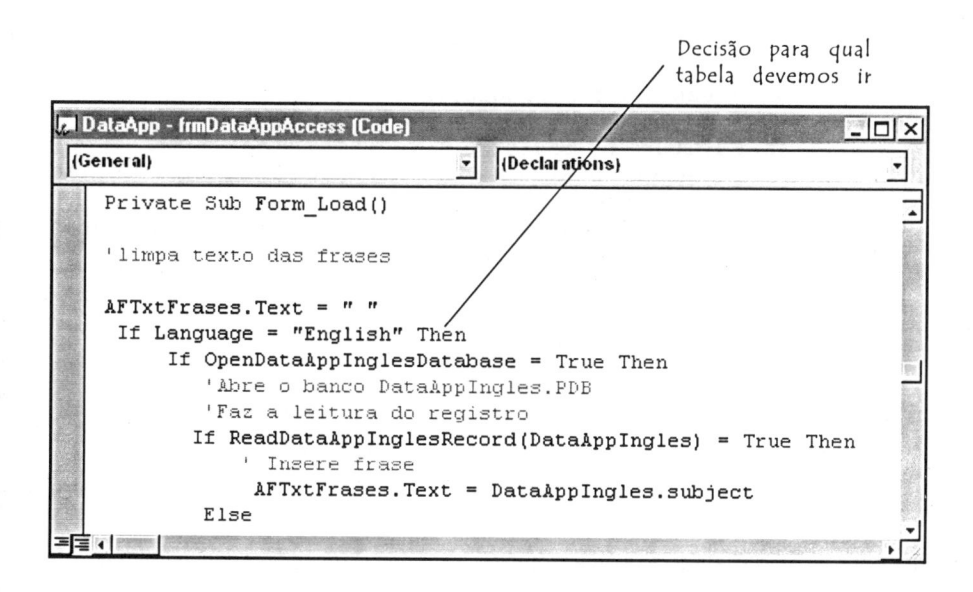

Decisão para qual tabela devemos ir

Figura 5.3 - Sub-rotina Form_Load

Lembre-se que ao carregar o formulário de acesso ao banco de dados usamos a variável global Language para acessar a tabela em inglês e analogamente usaremos para acessar a tabela em português.

Usamos a linha If Language = "English" then, mas não usamos a cláusula Else.

Vamos agora incluir na sub-rotina Form_Load () a cláusula Else onde passaremos a acessar a tabela em português.

O ponto onde você deve inserir a cláusula Else está mostrado na figura a seguir:

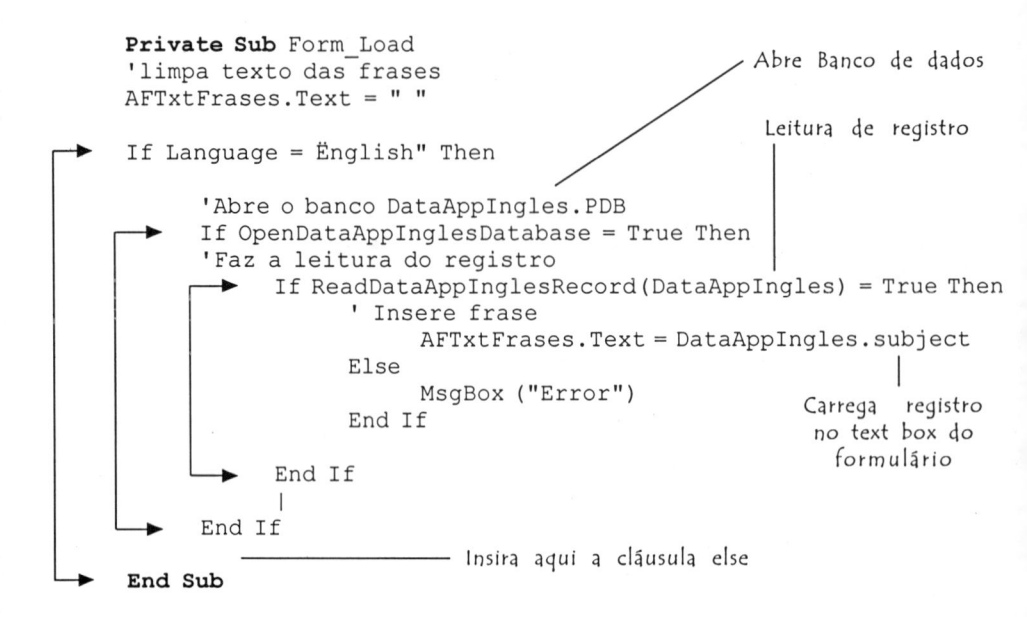

```
Private Sub Form_Load                              Abre Banco de dados
'limpa texto das frases
AFTxtFrases.Text = " "
                                                   Leitura de registro
If Language = Ënglish" Then

        'Abre o banco DataAppIngles.PDB
        If OpenDataAppInglesDatabase = True Then
        'Faz a leitura do registro
            If ReadDataAppInglesRecord(DataAppIngles) = True Then
            ' Insere frase
                    AFTxtFrases.Text = DataAppIngles.subject
                Else                                    |
                    MsgBox ("Error")                Carrega  registro
                End If                              no text box do
            End If                                  formulário
        |
        End If
                             Insira aqui a cláusula else
End Sub
```

Insira agora o código listado abaixo em Sub Form_Load () na posição indicada pelas setas

```
Else
    If OpenDataAppPortuguesDatabase = True Then ———— Abre banco de
        'Abre o banco DataAppPortugues                dados em português
        'Faz a leitura do registro
        If ReadDataAppPortuguesRecord(DataAppPortugues) Then
        AFTxtFrases.Text = DataAppPortugues.subject            Faz leitura
        Else                                                   do registro
        MsgBox ("Error")
        End If                          Variável  para
    End If                              armazenar  registro
```

Analogamente ao código de acesso à tabela em inglês precisamos de uma variável para armazenar o registro. Chamamos essa variável de **DataAppPortugues** e definimos no escopo das variáveis do formulário frmDataAppAccess.

Veja que no código acima usamos as funções criadas pelo AppForge Database Converter exatamente como fizemos para o acesso à tabela em inglês.

Usamos as funções:

* OpenDataAppPortuguesDatabase

* ReadDataAppPortuguesRecord(DataAppPortugues)

Essas funções estão definidas no módulo **modDataAppPortuguesDatabase** e são análogas às já explicadas no acesso à tabela em inglês.

Precisamos também de uma variável para armazenar o registro que será lido do banco de dados.

Basta incluir a definição de variável no segmento **Declarations** do formulário.

```
Dim DataAppPortugues As tDataAppPortuguesRecord
```

Assim temos nossas duas variáveis de registro agora:

```
Option Explicit

Dim DataAppIngles As tDataAppInglesRecord
Dim DataAppPortugues As tDataAppPortuguesRecord
```

Onde tDataAppPortuguesRecord é um tipo de dado definido pelo usuário e se encontra no módulo **modDataAppPortuguesDatabase.**

Este tipo de dado foi criado automaticamente pelo AppForge Database Converter.

A definição desse tipo de dado é mostrada abaixo:

```
Public Type tDataAppPortuguesRecord
        Date As Date
        Language As String
        year As String
        subject As String
End Type
```

Neste código, fizemos a abertura do banco de dados e a leitura do primeiro registro da tabela de frases em português. Carregamos a frase no ingot AFTxtFrases com a linha mostrada abaixo:

```
AFTxtFrases.Text = DataAppPortugues.subject
```

Agora precisamos incluir um código que feche o banco de dados quando retornarmos à tela de início do programa.

Fizemos isso quando abrimos a tabela em inglês e agora vamos repetir o processo.

Abra o formulário frmDataAppLanguage, dê um duplo clique no logo e insira o código para fechar o banco de dados DataAppPortugues

```
Private Sub AFGraphlogo_Click()

If Language = "English" Then
CloseDataAppInglesDatabase
Else
CloseDataAppPortuguesDatabase ——————— Insira esse código
End If
frmDataAppAccess.Hide
Unload frmDataAppAccess
frmDataAppLanguage.Show

End Sub
```

Nesse momento é bom salvarmos o projeto.

Podemos testar a funcionalidade. Clique no botão Run do VB, escolha a opção português e veja se funciona.

Você deverá ver a seguinte tela:

Figura 5.4 - Primeira tela em português

As setas retroceder e avançar ainda não tem função, pois ainda não escrevemos o código para elas.

Clique no botão stop do VB.

É o que vamos fazer agora.

Como no acesso à tabela em inglês precisamos de duas funções:

- AdvancePortugues

- ReturnPortugues

Vamos então incluir as sub-rotinas no formulário frmDataAppForge.

Dê um duplo clique no formulário e insira o código.

```
Sub AdvancePortugues()

PDBMoveNext dbDataAppPortugues ———— Movimenta  cursor
                                      do banco de dados

    If PDBEOF(dbDataAppPortugues) = True Then ——— Verifica se ghegamos
        PDBMoveFirst dbDataAppPortugues              ao final da tabela
    End If


    If ReadDataAppInglesRecord(DataAppPortugues) = True Then
        ' Insere frase
        AFTxtFrases.Text = DataAppPortugues.subject
        Else
        MsgBox (" Error")                     Faz a leitura do registro
    End If                                     e insere no text Box

End Sub
```

A analogia com a sub-rotina AdvanceIngles é imediata. E claro, você já percebeu que poderíamos implementar a função Avançar de uma forma diferente, talvez usando uma cláusula IF e implementando em uma só função. Mas, para efeito didático, achei melhor implementar em duas sub-rotinas diferentes. Se você já tiver mais prática em VB pode, é claro, fazer uma implementação diferente e usar sua criatividade para isso.

Insira agora o código da função ReturnPortugues

```
Sub ReturnPortugues()

    PDBMovePrev dbDataAppPortugues ———— Movimenta  cursor
                                         do banco de dados

    If PDBBOF(dbDataAppPortugues) = True Then    Verifica se ghegamos
        PDBMoveLast dbDataAppPortugues            ao final da tabela
    End If
    If ReadDataAppPortuguesRecord(DataAppPortugues) = True Then
        ' Insere frase
        AFTxtFrases.Text = DataAppPortugues.subject
        Else
        MsgBox (" Error")
    End If                                Faz a leitura do registro
                                          e insere no text Box
End Sub
```

Pronto, com as rotinas concluídas podemos chamá-las a partir do botões avançar e retornar.

Insira no código do botão avançar a chamada à rotina AdvancePortugues como mostrado abaixo:

```
Private Sub AFGraphForward_Click()

If Language = "English" Then
AdvanceIngles
Else                              Insira o código para
AdvancePortugues  ───────────     chamar a sub-rotina
End If

End Sub
```

Insira também o código no botão retornar a chamada à função ReturnPortugues como mostrado abaixo:

```
Private Sub AFGraphBack_Click()

If Language = "English" Then
ReturnIngles
Else                              Insira o código para
ReturnPortugues  ───────────      chamar a sub-rotina
End If

End Sub
```

Agora já podemos navegar pela tabela em português também.

Note que ao clicar os botões retornar e avançar, estamos verificando em qual banco de dados estamos trabalhando através da variável Language. Ela é o ponto de decisão para a chamada da rotina.

Salve seu projeto.

E vamos verificar a funcionalidade.

Clique no botão run do VB. Escolha o botão português. Em seguida, clique no botão avançar várias vezes e depois no botão retornar. Note que já estamos navegando. Clique no logo da tela para retornar à tela inicial. Escolha agora o botão English.

Clique no botão stop do VB. Nesse momento, já temos uma aplicação funcional.

Veja que nós já podemos:

- Selecionar qual tabela queremos acessar
- Navegar pelo banco de dados em inglês e português
- Retornar à tela inicial a partir da segunda tela

Já podemos nos considerar autores de software para Palm OS. Afinal, você já pode ler as mensagens numa boa.

Que tal então, incluir uma tela de apresentação do programador?

No próximo capítulo, vamos incluir uma tela com bitmaps e nome do fabricante do software, ou seja, nós. Yep!!!

# Capítulo 6

## Formulário de apresentação

Neste capítulo vamos criar uma tela de apresentação do autor do software contendo bitmaps (convertido para Palm) e o nome.

Na barra de menu do VB clique em Project, Add Form, selecione Form e clique em abrir, como mostrado abaixo:

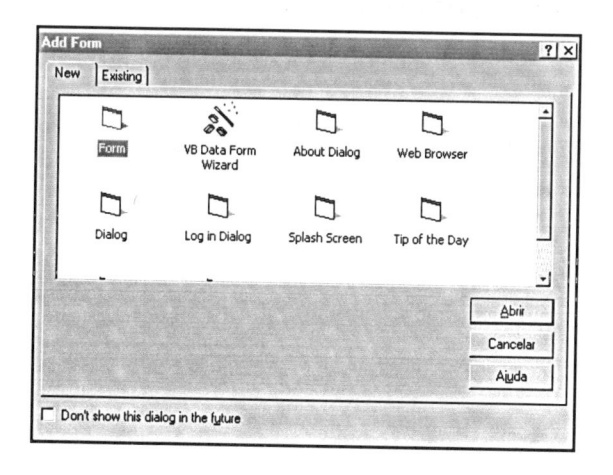

Figura 6.1 - Como incluir o novo formulário

Com o novo formulário selecionado, clique no botão properties do VB e altere a propriedade (Name) do formulário para o nome frmApresenta.

Assim, teremos um novo formulário no project explorer como mostrado abaixo:

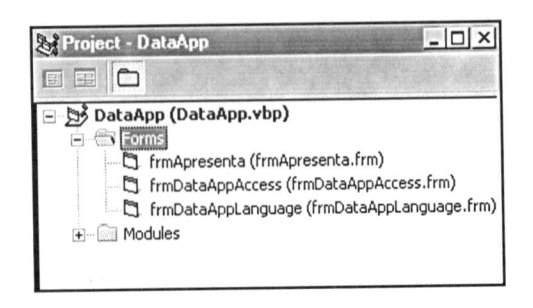

Figura 6.2 - Formulário frmApresenta

Clique com o botão direito do mouse sobre frmApresenta e salve o formulário no diretório da nossa aplicação:

**\arquivos de programas\AppForge\VB Toolkit\samples\DataApp**

É importante manter sempre todos os arquivos nesse diretório para que o programa rode sem problemas.

# O logotipo da AppForge

Na caixa de ferramentas do VB você deve ter os ingots como mostrado abaixo:

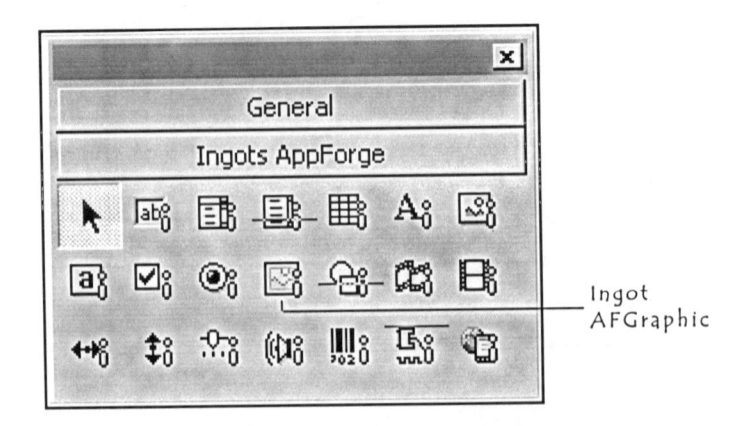

Ingot
AFGraphic

Figura 6.3 - Ingot AFGraphic

Selecione o ingot AFGraphic e arraste até o formulário. Vamos incluir uma figura no formato RGX (que é um bitmap convertido pelo AppForge Graphic Converter).

No diretório da aplicação temos um arquivo RGX chamado **aflogo.rgx**.

Com o ingot selecionado no formulário, clique no botão propriedades do VB.

Clique na propriedade picture, e em seguida, clique em browse .

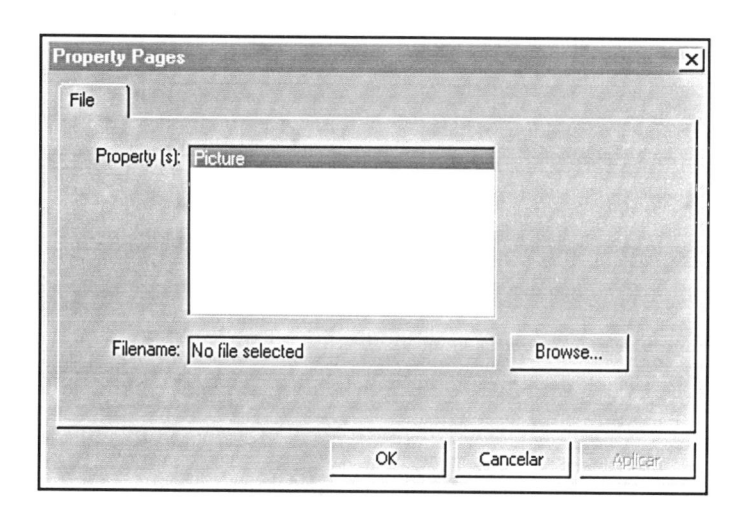

Figura 6.4 - Como selecionar um arquivo RGX

Selecione o arquivo aflogo.rgx, clique em Abrir.

Ajuste a figura para que ela fique no topo do formulário, como mostrado abaixo:

Figura 6.5 - Logotipo da AppForge

Clique agora no botão OK . Já temos nosso bitmap na tela de apresentação.

Ajuste as propriedades do ingot de acordo com a tabela:

| Propriedade | |
| --- | --- |
| **Name** | AFGraphAppForge |
| **Height** | 57 |
| **Left** | 8 |
| **Top** | 8 |
| **Width** | 137 |

Figura 6.6 - Propriedades do ingot AFGraphApp

Selecione agora outro ingot AFGraphic e posicione no formulário.

Agora utilizaremos a figura Programando PalmOS.rgx, que está no CD-ROM.

Copie o arquivo do CD-ROM para o diretório da aplicação.

Da mesma forma, selecione a propriedade picture e escolha Programando Palm OS.rgx.

Posicione a figura logo abaixo do logotipo da AppForge como mostrado abaixo:

Figura 6.7 - Formulário de apresentação

Ajuste as propriedades do ingot de acordo com a tabela abaixo:

| Propriedade | |
| --- | --- |
| **Name** | AFTxtDesenvolvedor |
| **UnderLineStyle** | 0-None |
| **Height** | 25 |
| **Left** | 16 |
| **Top** | 112 |
| **Width** | 65 |

Figura 6.8 - Propriedades do ingot AFGraphApresenta

# O autor do software

Vamos incluir agora um texto, através de um ingot Text Box, onde iremos citar o nome do programador.

Selecione na caixa de ferramentas do VB um ingot AFTxtBox e desenhe no formulário. Modifique as propriedades do ingot de acordo com a tabela abaixo:

| Propriedade | |
|---|---|
| **Name** | AFTxtDesenvolvedor |
| **UnderLineStyle** | 0-None |
| **Height** | 25 |
| **Left** | 16 |
| **Top** | 112 |
| **Width** | 65 |

Figura 6.9 - Propriedades do Ingot AFTxtDesenvolvedor

Faremos a inclusão do texto em tempo de execução, ou seja, atualizaremos a propriedade text quando estivermos carregando o formulário.

Assim, selecionando o formulário frmApresenta inclua o seguinte código na sub-rotina de Load:

```
Private Sub Form_Load()
AFTxtDesenvolvedor.Text = " Desenvolvido por (Seu Nome)  "
End Sub
```

Coloque seu nome como autor do software.

Precisamos agora incluir um botão no formulário que permita retornar para a tela de chamada.

Nesse momento é também recomendável que você salve o programa.

Selecione na caixa de ferramentas do VB um ingot AFButton e desenhe no formulário, de modo que tenhamos agora uma tela parecida com a mostrada abaixo:

Figura 6.10 - Formulário de apresentação do desenvolvedor

Modifique as propriedades do AFButton de acordo com a tabela abaixo:

| Propriedade | |
| --- | --- |
| **Name** | AFBtnRetorno |
| **Caption** | OK |
| **Height** | 17 |
| **Left** | 56 |
| **Top** | 136 |
| **Width** | 41 |

Figura 6.11 - Propriedades do Ingot AFBtnRetorno

Ok, agora precisamos incluir na aplicação um botão onde faremos a chamada do formulário de apresentação.

Para isso vamos precisar do frmDataAppAccess. Nele incluiremos um botão de informação que será a chamada para frmApresenta.

No Project Explorer, dê um duplo clique no formulário frmDataAppAccess.

Selecione na caixa de ferramentas do VB um AFGraphic Button e desenhe no canto inferior direito do formulário.

Selecione o botão propriedades do VB para adicionar uma figura RGX.

Clique na propriedade Picture, clique em Browse e no diretório da aplicação selecione o arquivo info.rgx. Clique em Abrir e depois em OK.

Agora temos em nosso formulário o layout mostrado abaixo:

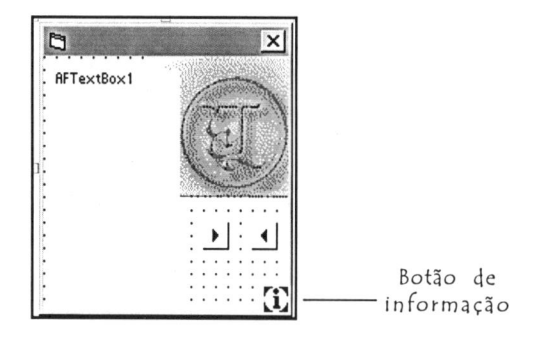

Botão de informação

Figura 6.12 - Formulário frmDataAppAccess

Modifique agora as propriedades do ingot de acordo com a tabela:

| Propriedade | |
|---|---|
| **Picture** | info.rgx |
| **Name** | AFGraphInfo |
| **Height** | 17 |
| **Left** | 144 |
| **Top** | 144 |
| **Width** | 17 |

Figura 6.13 - Propriedades do Ingot AFGraphInfo

Dê um duplo clique no AFGraphic e insira o seguinte código:

```
Private Sub AFGraphInfo_Click()
frmDataAppAccess.Hide
Load frmApresenta
frmApresenta.Show
End Sub
```

Com o código anterior ocultamos o formulário frmDataAppAccess, carregamos o frmApresenta na memória e o mostramos. Note que o formulário frmDataAppAccess continua carregado na memória, desse modo, quando retornarmos a ele continuaremos mostrando a mesma mensagem que havia no display.

Precisamos agora incluir no formulário de apresentação um código para retornarmos.

Assim, selecione o formulário frmApresenta, dê um duplo clique no ingot AFBtnRetorno e insira o código abaixo:

```
Private Sub AFBtnRetorno_Click()
frmApresenta.Hide
frmDataAppAccess.Show
End Sub
```

Podemos agora salvar o projeto e verificar a funcionalidade.

Clique no botão run do VB. Selecione uma linguagem. Na tela de acesso ao banco de dados, clique no botão informação e verifique a tela de apresentação.

Clique no botão OK e verifique se retornamos à mensagem anterior.

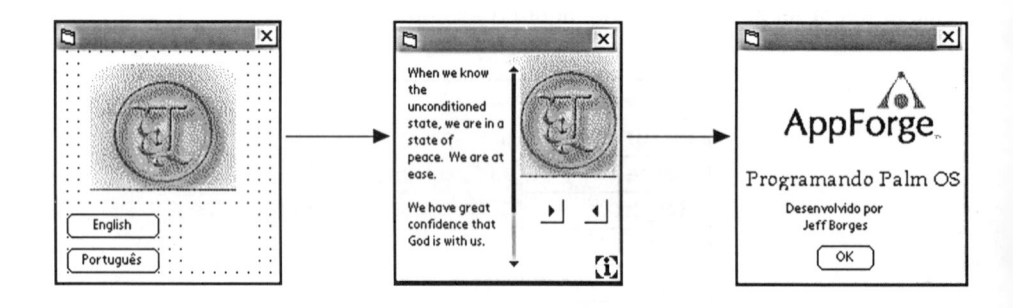

Figura 6.14 - Seqüência de formulários

Assim teremos a seqüência de formulários mostrada acima.

Clique no botão stop do VB.

Ok, estamos agora com nossa aplicação completa.

# Capítulo 7

# Como instalar o programa no Palm

Agora que estamos com nossa aplicação funcional, vamos nos preparar para instalá-la no Palm. Afinal, já está na hora e você deve estar ansioso por isso.

Alguns passos serão necessários antes de concluirmos essa etapa.

## Configurações de projeto

Iremos ajustar o project settings (configurações de projeto), para nossa aplicação primeiro.

Na barra de menu do VB, selecione a opção AppForge.

Clique em AppForge project settings.

Você deverá ver uma tela como a mostrada a seguir:

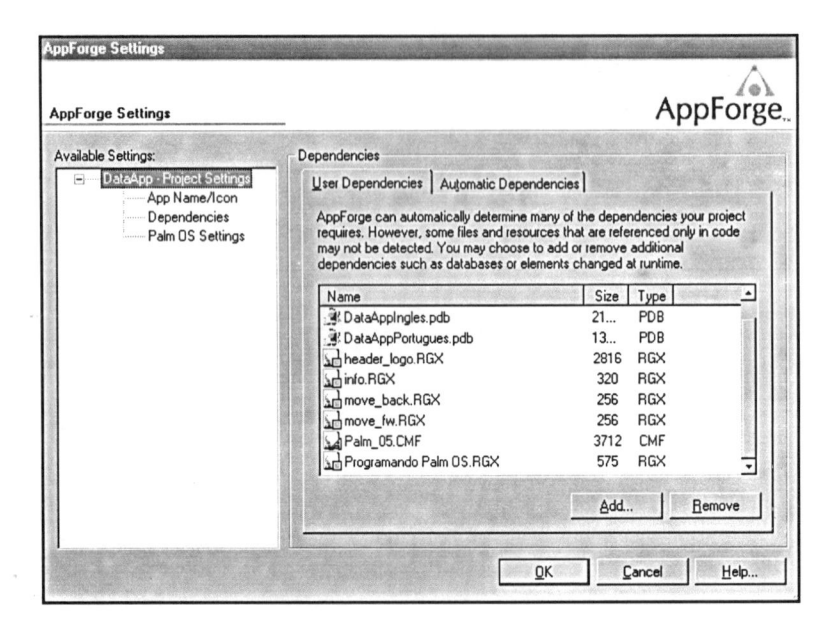

Figura 7.1 - Appforge Project Settings

Note que nessa tela temos a possibilidade de alterar algumas definições do nosso projeto, como por exemplo, o ícone que será apresentado na tela do Palm.

Clique em **AppName/Icon** e verá que já foi definido um ícone por default para nossa aplicação. Na opção Icon File, clique em browse e você terá a opção de alterar o ícone que será apresentado na aplicação.

A outra função disponível é a que mostra as dependências do projeto.

Quando compilamos o projeto, o Appforge Add-in faz uma varredura na aplicação para identificar quais objetos precisam ser incluídos para poder rodar o programa no Palm OS.

Com isso são identificadas Fontes, ícones e arquivos rgx que são usados nos formulários e precisam estar incluídos no projeto.

Objetos que são referenciados por código precisam ser adicionados manualmente, como por exemplo, os bancos de dados.

Para obter as dependências automáticas basta que compilemos o programa.

Clique agora em Palm OS Settings.

A figura a seguir mostra a tela que você irá visualizar:

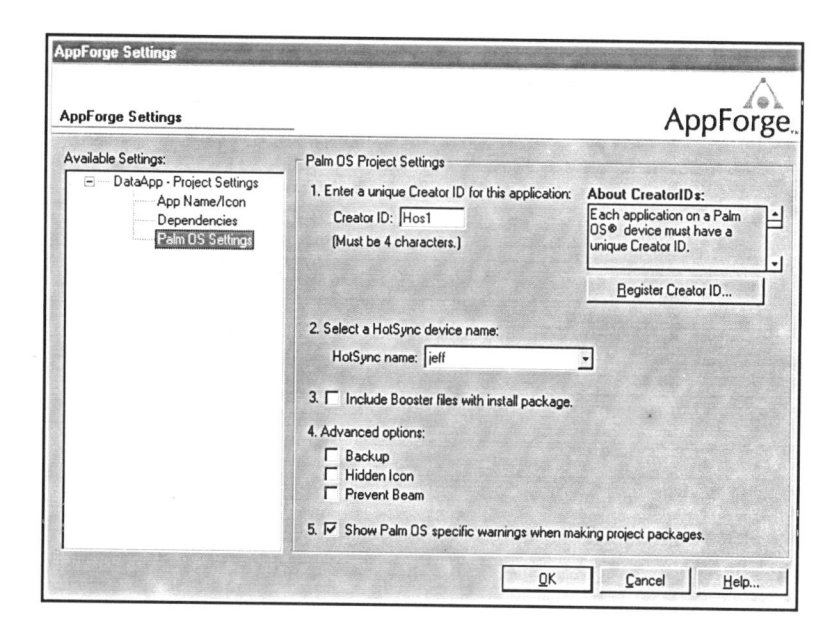

Figura 7.2 - Palm OS Settings para o projeto

Aqui você deve preencher os campos Creator ID e HotSync Name

- HotSYnc Name: nome de usuário que você usa em seu Palm
- Creator ID: Aqui você pode utilizar o nome Hos1

Clique em OK.

O Creator ID Hos1 foi registrado por mim no site da Palm.

# O Creator ID

O Creator ID é um identificador (4 caracteres alfa numéricos) de aplicação para Palm OS. Ele deve ser único, e por isso a Palm mantém um banco de dados na web onde você pode registrar o Creator ID de sua aplicação.

Isso pode ser feito no site da Palm: http://dev.palmos.com/creatorid/

Figura 7.3 - Site da Palm para registro de Creator ID

Neste site, pode-se pesquisar um creator id ainda não registrado e fazer o registro através de um formulário on-line.

Quando você estiver escrevendo sua própria aplicação, poderá então usar o creator id que registrou.

Com o registro, é necessário que você identifique sua aplicação.

Aqui vai uma breve descrição de como proceder para registrar. Uma vez que o site está em inglês, espero que a descrição possa ajudá-lo no processo.

# Como registrar
# seu Creator ID

1. Conecte-se ao site: http://dev.palmos.com/creatorid/

2. É preciso pesquisar se o creator id que você quer usar já está registrado. Para isso, preencha o campo onde está escrito Search e clique no botão

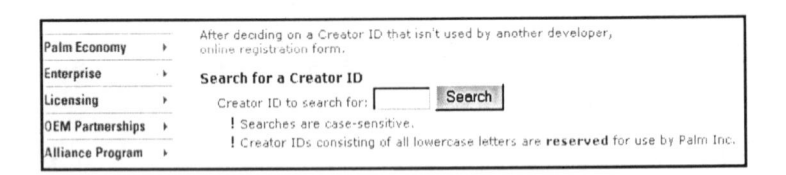

Figura 7.4 - Pesquisa de Creator Id no site da Palm

3. Uma vez que tenha escolhido um ID que ainda não está registrado, clique em on line registration form

Quick Index

-Start Here-
Conduits
Creator ID
Dev Exchange
Dev Seeding

**Search**

\* Indicates a required field

Creator ID \*

Application Name \*

Description

Contact Name

Contact Phone \*

Email Address \*

Company Name

Address 1 \*

Address 2

City \*

State/Province \*

Zip/Postal Code \*

Country \*

Confidential          Yes ⊙ No ⊙

Figura 7.5 - Registro do Creator ID

**4.** Você deverá preencher todos os campos que possuem um asterisco. O nome da aplicação e os contatos são fundamentais para isso

**5.** Após preencher todos os campos, clique em **Submit**

**6.** Se estiver tudo ok, você deverá ver uma mensagem como essa:

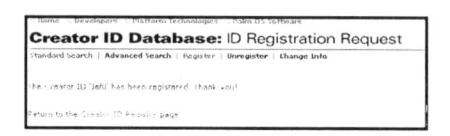

Figura 7.6 - Creator Id registrado com sucesso

Agora você poderá usá-lo em um próximo projeto para identificar sua aplicação.

# Como compilar o código

Nesta fase, podemos iniciar a compilação do código. Clique em AppForge, na barra de menu. Clique em **Compile and Validate**

Após a compilação devemos ter mensagens de alerta como as mostradas abaixo:

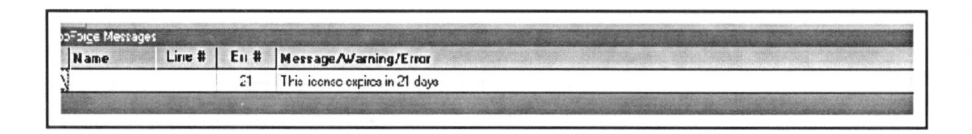

Figura 7.7 - Mensagens de alerta de compilação

Estas mensagens se referem ao fato dos ingots estarem em overlap (um sobre o outro) em seus respectivos formulários. No entanto, elas não impedirão o fim da compilação e nem a execução do programa no Palm.

Podemos agora criar um "pacote" para instalação no Palm.

- Clique em AppForge na barra de menu

- Selecione Project Settings (Configurações de projeto)

- Agora clique em Dependencies

- Clique no botão Scan dependencies

O AppForge irá listar todas as dependências que são mencionadas em formulários e ingots . Como mostrado a seguir:

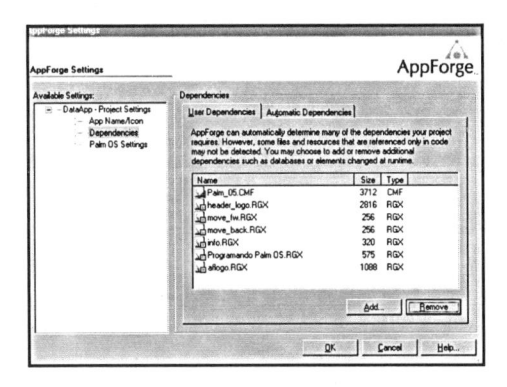

Figura 7.8 - Dependências de objetos

No entanto, dependências que são apenas codificadas, como por exemplo, acessos a bancos de dados não serão listadas e precisam ser incluídas manualmente.

No nosso caso, precisaremos incluir os bancos de dados DataAppPortugues e DataAppIngles.

Para isso, clique no botão Add e selecione no diretório da aplicação os bancos de dados, como mostrado a seguir:

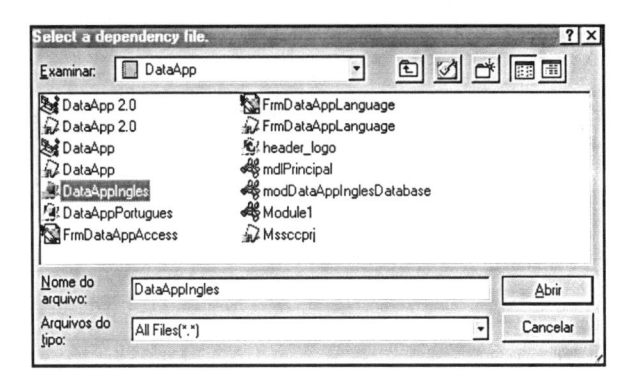

Figura 7.9 - Como incluir os banco de dados como dependências

- Clique em Abrir e pronto
- Clique em OK para fechar o project settings

Já podemos preparar o pacote.

# Como criar um pacote para instalação

Nesse ponto, o AppForge irá criar um pacote no diretório de instalação de aplicações do Palm Desktop Software. Esse pacote irá se encarregar da instalação de todos os componentes da aplicação.

- Clique em AppForge, na barra de menu
- Clique em Deploy to Palm OS

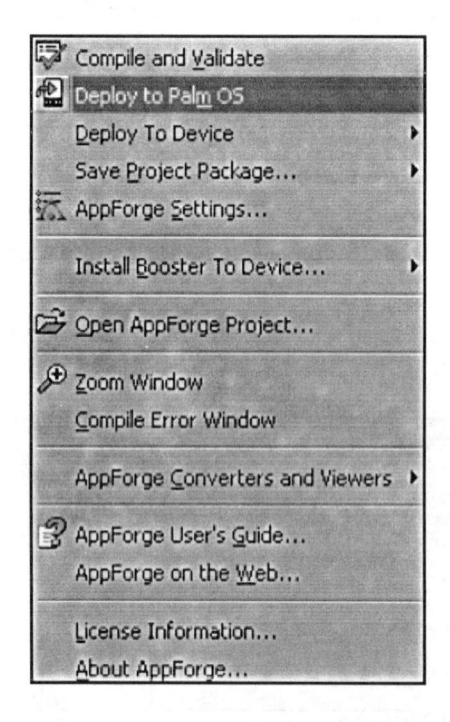

Figura 7.10 - Como criar o programa para Palm OS

Aparecerá uma mensagem Uploading DataApp Package .

Em seguida surgirá uma mensagem indicando que você deve sincronizar através de um Hot Sync.

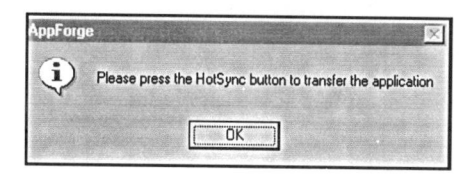

Figura 7.11 - Pressione o botão de hot Sync

No entanto, antes de iniciar o Hot Sync, recomendo que dê uma olhadinha no diretório de instalação do Palm Desktop Software.

No diretório deve ter sido criado o programa `DataApp-Install.PRC`.

Este programa irá executar a tarefa de instalar a aplicação no Palm OS.

Após realizar o Hot Sync o programa será instalado.

# HotSync

Agora vamos ao tão esperado HotSync.

Instale seu Palm no Cradle (Berço) e faça um hotsync. Se tudo estiver ok, estamos com nossa aplicação no Palm!

Ligue o Palm e verifique se estamos no ar. Devemos estar com um ícone que é o símbolo da AppForge, e com o título DataApp.

Clique no ícone e você verá antes da aplicação iniciar uma mensagem da AppForge dizendo que essa aplicação foi feita com uma versão de avaliação e irá expirar em dois dias. Assim, para que sua aplicação continue funcionando é necessário recompilar a cada dois dias.

Mas não se desespere, existe no site da AppForge uma versão Personal Edition que tem funcionalidade necessária para rodar o programa, sem necessidade de recompilação a cada dois dias e pode ser adquirida por um preço bastante razoável. Com ela, você poderá desenvolver aplicações robustas com acesso a bancos de dados muito rapidamente, o que considero um diferencial competitivo no mercado hoje em dia. Assim, você certamente logo poderá recuperar o dinheiro investido na versão Personal.

E claro, logo você vai querer adquirir a versão profissional.

Afinal, são mais de 50.000 cópias vendidas pela AppForge no mundo todo.

Consulte o site **http://www.appforge.com/pricing.html**.

Lá você encontrará as versões do AppForge, bem como uma lista de preços.

No momento em que escrevo esse livro, o AppForge está na edição 2.1

# Como salvar o pacote

Podemos agora salvar no desktop o pacote que instalamos no Palm.

- Clique em AppForge na barra de menu
- Clique em Save Project Package

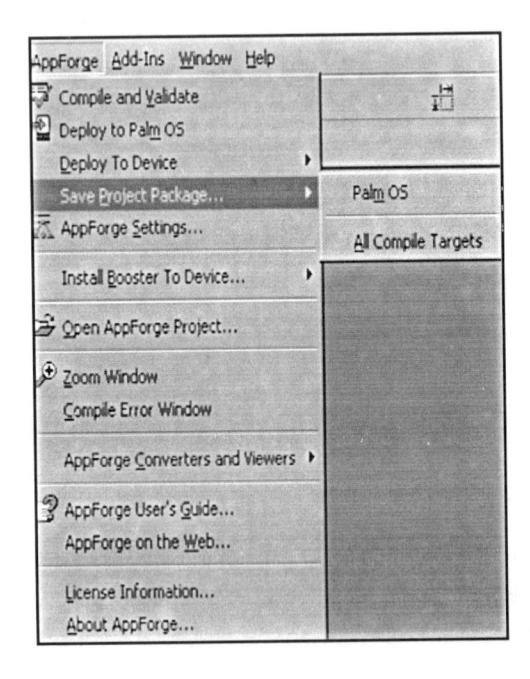

Figura 7.12 - Como salvar o pacote

- Clique em Palm OS

Aparecerá uma mensagem Validating Data App e em seguida uma tela para que escolha o diretório onde será criado o pacote.

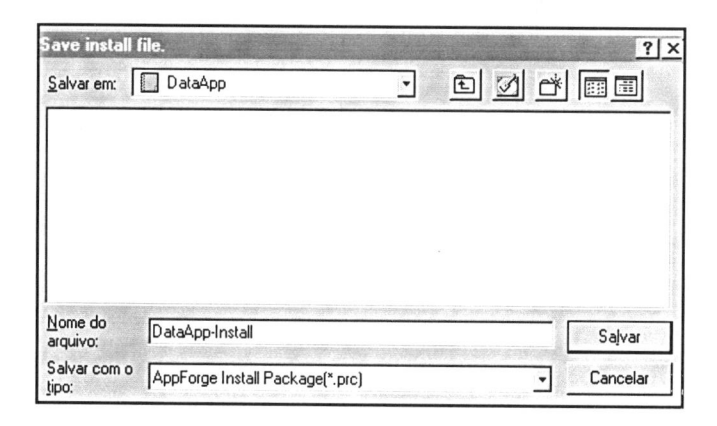

Figura 7.13 - Como criar o pacote no diretório de trabalho

No nosso caso, faz sentido escolher nosso diretório de trabalho como mostrado.

Clique em Salvar  e podemos prosseguir.

Esse processo irá incluir todos os arquivos necessários ao upload do programa no diretório de instalação do Palm Desktop.

# Capítulo 8

## Tratamento de erros

Caso haja algum problema na conexão ao banco de dados ou durante a leitura de registros é conveniente ter um formulário para que o usuário possa ser informado e ter condições de executar uma ação para corrigi-lo.

Assim, vamos incluí-lo no projeto.

Adicione um formulário ao projeto seguindo o procedimento já conhecido por nós. Na barra de menu do VB6 clique em *Project*, *Add Form* e escolha New.

Renomeie o formulário para **frmErros**, de modo que na janela *Project Explorer* teremos:

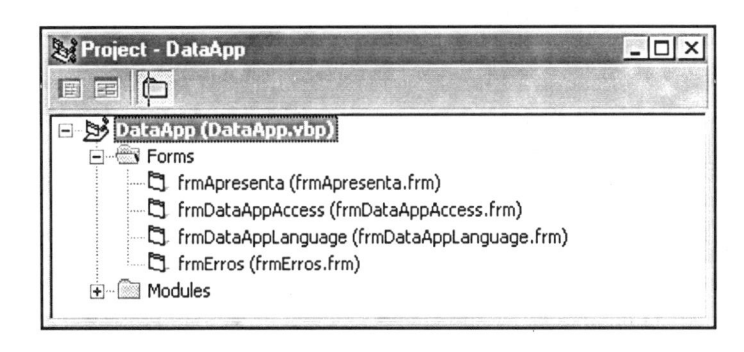

Figura 8.1 - Formulário de erros

Na caixa de ferramentas do VB, escolha o ingot AFLabel. Adicione o label ao formulário.

Posicione o label como mostrado abaixo:

Figura 8.2 - Erro no acesso a banco de dados

Altere a propriedade caption do label para: ERRO DE ACESSO AO BANCO DE DADOS.

Assim, modifique as propriedades do label como mostrado na tabela:

| Propriedade | |
|---|---|
| BackColor | 1-Light Gray |
| Name | AFlblErros1 |
| Caption | ERRO DE ACESSO A BANCO DE DADOS |
| Height | 25 |
| Left | 32 |
| Top | 24 |
| Width | 105 |

Figura 8.3 - Propriedades do Ingot AFlblErros1

Vamos incluir mais um label de informação para o usuário, de modo que ele possa tomar alguma ação para corrigir o erro.

Insira mais um ingot AFLabel e modifique suas propriedades de acordo com a tabela abaixo:

| Propriedade | |
|---|---|
| **BackColor** | 1-Light Gray |
| **Name** | AFlblErros2 |
| **Caption** | Entre em contato com o fabricante pelo e-mail (seu mail)@... |
| **Height** | 49 |
| **Left** | 56 |
| **Top** | 16 |
| **Width** | 121 |

Figura 8.4 - Propriedades do Ingot AFlblErros2

Coloque seu e-mail no caption; assim o usuário poderá entrar em contato com você para tirar dúvidas, etc...

Precisamos agora, para completar o formulário, de um botão de retorno à tela principal.

Insira um AFButton e modifique as propriedades de acordo com a tabela:

| Propriedade | |
|---|---|
| **Name** | AFButtonOK |
| **Caption** | OK |
| **Height** | 17 |
| **Left** | 48 |
| **Top** | 120 |
| **Width** | 49 |

Figura 8.5 - Propriedades AFButtonOK

Agora temos um formulário como o mostrado a seguir:

Figura 8.6 - Formulário frmErros

Salve o formulário no diretório de trabalho com o nome frmErros.

# Como mudar o código

Vamos relembrar agora uma parte do nosso código de acesso ao banco de dados.

No formulário frmDataAppAccess temos o seguinte trecho de código:

```
Private Sub Form_Load()
'limpa texto das frases
AFTxtFrases.Text = " "
  If Language = "English" Then

    If OpenDataAppInglesDatabase = True Then
        'Abre o banco DataAppIngles.PDB
        'Faz a leitura do registro
      If ReadDataAppInglesRecord(DataAppIngles) = True Then
        ' Insere frase
        AFTxtFrases.Text = DataAppIngles.subject

      Else
      (1)  MsgBox (" Error")————— Inserir tratamento de erro
        End If
      ———————————————————— Inserir cláusula else e variável
                                    de tratamento de erros
  End If
```

Precisamos então prover um tratamento mais adequado caso o usuário encontre um erro no acesso ao banco.

Vamos inserir nas duas cláusulas If de acesso às tabelas as chamadas ao formulário de erros.

Uma vez que estamos testando o acesso ao banco de dados dentro da rotina Form Load () do formulário frmDataAppAccess, quando identificamos um erro precisamos modificar de alguma forma o fluxo da rotina que chamou frmDataAppAccess, para que seja chamado o formulário frmErros.

Poderíamos fazer isso chamando o formulário de erros a partir da cláusula else, mostrado em (1), mas note que dessa forma quando retornássemos do formulário de erro iríamos voltar ao trecho de rotina mostrado abaixo:

```
Private Sub BtnEnglish_Click()

Language = "English"
Load frmDataAppAccess
frmDataAppLanguage.Hide ──────────── Ponto de retorno
frmDataAppAccess.Show

End Sub
```

Isso nos faria mostrar o formulário frmDataAppAccess novamente.

Portanto, nesse caso o que podemos fazer é alterar o fluxo da rotina usada para o botão English para que ela inclua um teste condicional (cláusula If) verificando se a abertura do banco de dados foi realizada e está tudo OK.

Para fazer esse teste nada melhor do que uma variável global.

Com ela poderemos controlar o fluxo dos formulários de erro, de acesso ao banco de dados e de linguagem.

Nossa estratégia para tratar os erros será utilizar uma variável global chamada

**DataAppErros**.

No Project Explorer, clique no módulo **mdlPrincipal** e insira a variável global

```
Global DataAppErros As Boolean
```

Usaremos a variável para testar a saída de form Load ( ) para identificar se abrimos o banco de dados ou não.

Nesse momento, precisaremos modificar parte do código que já criamos, para inserir as chamadas ao formulário de erros.

Inicialmente atribuímos um valor a DataAppErros.

Assim, primeiro insira o código

```
DataAppErros = False
```

como mostrado abaixo:

```
Private Sub Form_Load()
'limpa texto das frases
AFTxtFrases.Text = " "
  If Language = "English" Then

    If OpenDataAppInglesDatabase = True Then
      'Abre o banco DataAppIngles.PDB
      'Faz a leitura do registro
    If ReadDataAppInglesRecord(DataAppIngles) = True Then
      'Insere frase
      AFTxtFrases.Text = DataAppIngles.subject
    Else
    DataAppErros = False ——————— Código inserido
    End If

    Else
    DataAppErros = False ——————— Código inserido
    End If
```

Agora podemos adicionar a cláusula If ao botão English como mostrado abaixo:

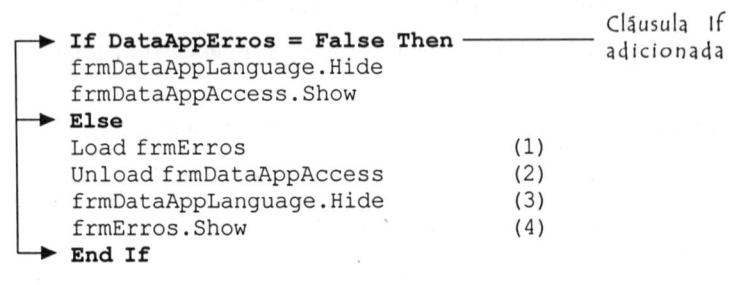

```
Private Sub BtnEnglish_Click()
Language = "English"
Load frmDataAppAccess

  If DataAppErros = False Then ———————  Cláusula If
  frmDataAppLanguage.Hide              adicionada
  frmDataAppAccess.Show
  Else
  Load frmErros                    (1)
  Unload frmDataAppAccess          (2)
  frmDataAppLanguage.Hide          (3)
  frmErros.Show                    (4)
  End If

  End Sub
```

Note que toda a cláusula Else foi adicionada.

Aqui estamos:

(1) Carregando o formulário frmErros na memória

(2) Descarregando o frmDataAppAccess

.(3) Escondendo o formulário Language

(4) Mostrando o formulário de erros

# Como retornar
# ao formulário inicial

Precisamos agora retornar do formulário de erros, e minha escolha é retornar à tela inicial do programa.

Como incluímos um botão de OK no formulário, vamos usá-lo.

No formulário frmErros, dê um duplo clique no botão de OK e insira o código abaixo:

```
Private Sub AFButtonOK_Click()
Unload frmErros
frmDataAppLanguage.Show
DataAppErros = False
End Sub
```

Note que descarregamos o formulário da memória, passamos a mostrar o formulário inicial e também retornamos a variável de controle de erros DataAppErros para False.

Salve seu projeto.

# Como testar as rotinas

Para testar esse novo código podemos renomear a tabela DataAppIngles.PDB em nosso diretório de aplicação, de modo que o acesso à tabela não tenha sucesso.

Assim, vá até o diretório da aplicação e renomeie para **DataAppIngles_n1.PDB**

Agora, podemos testar a funcionalidade do código.

Clique no botão start do VB, escolha o botão English e verifique se temos a seguinte seqüência de telas:

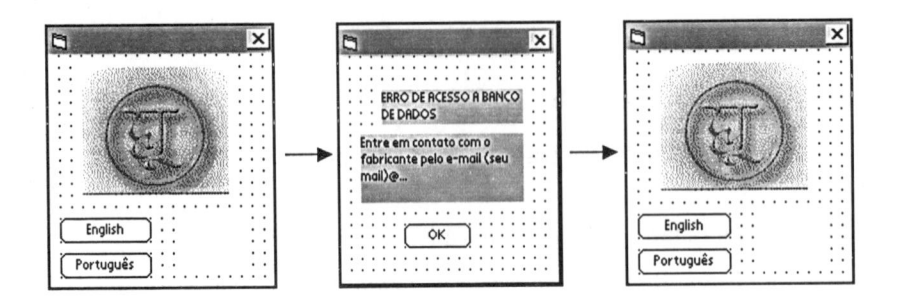

Figura 8.7 - Tela de erro

Clique agora no botão em português.

Verifique se continuamos acessando a tabela em português normalmente.

Agora precisamos incluir o código, para o caso de termos uma falha no acesso à tabela em português.

As alterações serão feitas no código do botão em português.

```
Private Sub BtnPortugues_Click()
Language = "Portugues"
Load frmDataAppAccess
frmDataAppLanguage.Hide
frmDataAppAccess.Show
End Sub
```

Assim, inclua o código na rotina acima, de modo que ele fique como mostrado a seguir:

```
Private Sub BtnPortugues_Click()
Language = "Portugues"
Load frmDataAppAccess

If DataAppErros = False Then
frmDataAppLanguage.Hide
frmDataAppAccess.Show
Else
Load frmErros
Unload frmDataAppAccess
frmDataAppLanguage.Hide
frmErros.Show
End If

End Sub
```

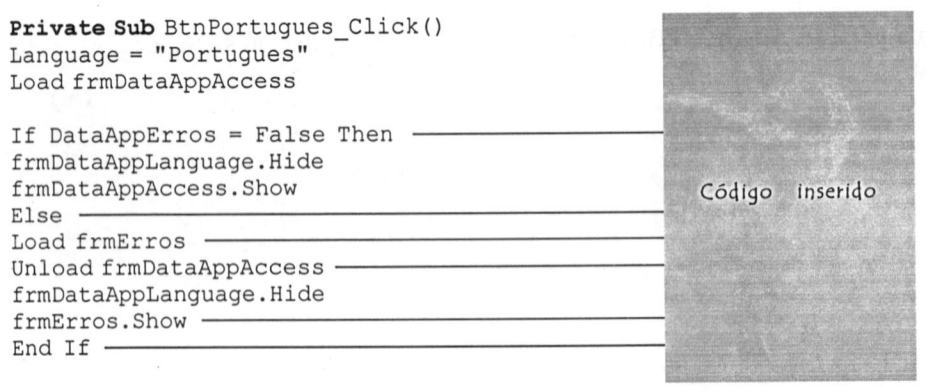

Código inserido

Note que o processo é o mesmo, testamos a variável DataAppErros e carregamos o formulário de erros.

Precisamos também modificar o código de Form Load ( ) quando tentamos abrir a tabela DataAppPortugues.

Assim, dê um duplo clique no formulário frmDataAppAccess para visualizar o código Form Load ( ) e altere conforme mostrado a seguir:

```
Else
  If OpenDataAppPortuguesDatabase = True Then
      'Abre o banco DataAppPortugues
      'Faz a leitura do registro
      If ReadDataAppPortuguesRecord(DataAppPortugues) Then
      AFTxtFrases.Text = DataAppPortugues.subject
      Else
      DataAppErros = True
      End If
    Else
      DataAppErros = True
  End If

  End If
End Sub
```

Código inserido

Salve seu projeto.

Para testarmos o código, vamos alterar o nome da tabela DataAppPortugues. Vá até o diretório de trabalho e mude para DataAppPortugues_n1.PDB.

Retorne o nome da tabela DataAppIngles_n1.PDB para DataAppIngles.PDB.

Clique no botão start do VB 6 e verifique a funcionalidade. Devemos ter a mesma seqüência de telas.

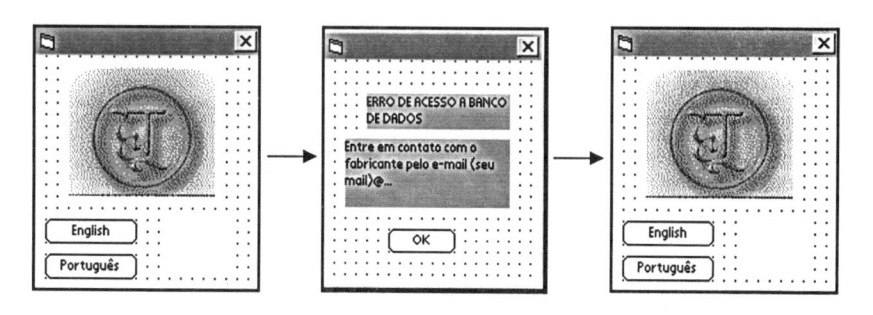

Figura 8.8 - Seqüência de telas

Clique em stop.

Retorne o nome da tabela DataAppPortugues_n1.PDB para DataAppPortugues.

Já temos agora rotinas que tratam erros de acesso às tabelas.

# Capítulo 9

## Pesquisa randômica de registros

Podemos agora incrementar o nosso programa com um botão que permita uma pesquisa aleatória em nosso banco de dados. A idéia é que o usuário possa navegar pelas mensagens aleatoriamente e não apenas seqüencialmente.

Para isso, usaremos duas funções numéricas do AppForge e uma função da biblioteca PDB.

- **afNumeric.RandomLong**
- **afNumeric.SeedRandomLong**
- **PDBGotoIndex**

Essas duas funções numéricas nos permitirão gerar números aleatórios que poderão ser utilizados em conjunto com a função PDBGotoIndex, para que possamos indexar o acesso aos registros do banco de dados de forma não seqüencial.

# Função afNumeric.SeedRandomLong

Essa função implementa a geração de um número "semente" que será usado pela função **afNumeric.RandomLong**. Elas devem ser usadas em conjunto.

No entanto, a função **SeedRandom** deve ser chamada apenas uma vez dentro da aplicação, pois se a chamarmos com o mesmo parâmetro sempre que formos chamar a função **RandomLong**, o resultado é que teremos sempre o mesmo número aleatório gerado. Assim, a regra é chamar a função **SeedRandom** ao iniciar a aplicação, por exemplo, na função **Main ( )**.

A sintaxe para a função é: **afNumeric.SeedRandomLong (Seed as Long)**

O parâmetro numérico *Long* serve de base para a geração do número "semente".

# Função afNumeric.RandomLong

Essa função irá gerar um número randômico sempre que chamada a partir da "semente" gerada com **SeedRandom**.

A sintaxe para a função é **afNumeric.RandomLong (Range As Long)**.

O parâmetro **Range** irá indicar a faixa do número randômico.

Assim, o trecho de código *random_number = afNumeric.RandomLong(10) + 1* irá armazenar na variável *random_number* um número aleatório entre 1 e 10.

# Função PDBGotoIndex

Com essa função da *PDB Library* poderemos posicionar o apontador de registros do banco de dados em qualquer ponto. Não precisaremos nos movimentar seqüencialmente, como fizemos com as funções PDBMoveNext, PDBMovePrev.

Para isso, basta associar um número gerado aleatoriamente e depois posicionar o apontador de registros para esse número.

A sintaxe da função é:

```
PDBGotoIndex(db As Long, index As Long) as Boolean
```

Note que o valor **db As Long** deve ser o valor do apontador do banco de dados, por exemplo, **dbDataAppIngles**. E o valor index as Long será o número randômico que iremos gerar a partir das funções **SeedRandom** e **RandomLong**.

# Como inserir
# a pesquisa randômica

Para inserir o botão de pesquisa aleatória, podemos incluir no formulário de acesso ao banco de dados, **frmDataAppAccess**, um *ingot* **AFButton,** de modo a termos no formulário o seguinte formato:

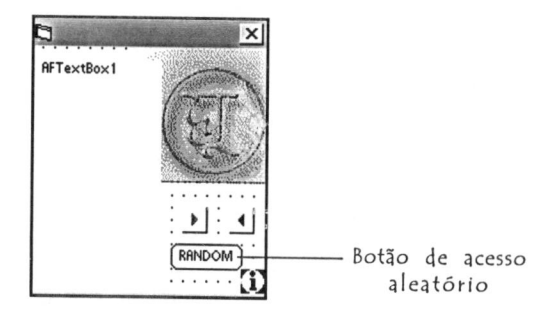

Figura 9.1 - Botão de acesso aleatório

Após inserir o AFButton, altere suas propriedades de acordo com a tabela abaixo:

| Propriedade | |
|---|---|
| Name | AFBtnRandom |
| Caption | Random |
| Height | 17 |
| Left | 96 |
| Top | 128 |
| Width | 49 |

Figura 9.2 - Propriedades do ingot AFBtnRandom

Para que a função de geração de números randômicos funcione da forma que desejamos, precisamos inserir Seed Random na função Main ( ).

Assim, dê um duplo clique no módulo principal (mdlPrincipal) e insira o código na função Main como mostrado abaixo:

```
Sub Main()
    'load form
    Load frmDataAppLanguage
    'show form
    frmDataAppLanguage.Show
    ' Prepara para criação de número randômico ——— Código  inserido
    afNumeric.SeedRandomLong (7)
End Sub
```

Usamos o 7 como número inicial para SeedRandom.

Agora, podemos inserir o código associado ao botão Random.

No formulário frmDataAppAcces, dê um duplo clique em Random e insira o código abaixo:

```
    Private Sub AFBtnRandom_Click()      Variável  para  armazenar
    Dim random_number As Long            número  randômico

    random_number = afNumeric.RandomLong(10) + 1 —— Função  randômica

    If Language = "English" Then

    If PDBGotoIndex(dbDataAppIngles, random_number) = True Then
      If ReadDataAppInglesRecord(DataAppIngles) = True Then
          ' Insere frase
          AFTxtFrases.Text = DataAppIngles.subject
      Else
          DataAppErros = True                Função  para  posicionar
      End If                                 índice  do banco  de dados
    End If
    Else
      If PDBGotoIndex(dbDataAppPortugues, random_number) Then
        If ReadDataAppPortuguesRecord(DataAppPortugues) Then
        AFTxtFrases.Text = DataAppPortugues.subject
        Else
        DataAppErros = True
        End If
      End If
    End If
    End Sub
```

No código acima, inicialmente definimos uma variável que chamamos de random_number para armazenar o número randômico.

Em seguida, atribuímos a essa variável o valor randômico gerado pela função RandomLong.

`random_number = afNumeric.RandomLong(10) + 1`

Neste caso, usamos o número 10 como um limitador de faixa, dentro da qual o número será gerado. Desse modo o valor máximo de random_number será 10.

Esse limitador deve levar em consideração o número máximo de registros no banco de dados, pois se o número gerado for maior que o número de registros teremos um erro ao usar a função PDBGotoIndex.

Em seguida, verificamos se estamos na tabela em inglês ou em português, para definir se usaremos o apontador dbDataAppIngles ou dbDataAppPortugues.

Então, utilizamos a função PDBGotoIndex e posicionamos o cursor do banco de dados no registro definido pelo número randômico. Em seguida, fazemos a leitura do registro utilizando a função de leitura abaixo:

`ReadDataAppIngles Record (DataAppIngles)`

Essa função já é nossa conhecida e a utilizamos no Capítulo 5.

Desse modo, já podemos fazer uma pesquisa randômica no banco de dados.

Salve seu projeto.

Clique no botão start do VB 6 e teste a funcionalidade.

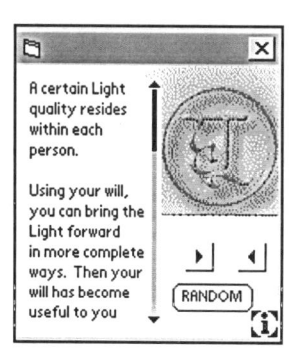

Figura 9.3 - Botão Random

Ao clicar no botão Random você deverá ver mensagens da tabela que não estão em seqüência.

Clique no botão stop do VB 6.

Agora já é hora de instalar essa versão no seu Palm. E você já sabe o caminho das pedras.

# Capítulo 10

## Comunicação com o desktop

## HotSync Manager

Um dos grandes benefícios dos dispositivos de mão (handhelds) é a capacidade de comunicação com os PCs, desktops ou notebooks, para que possamos transferir dados entre eles.

O Palm Desktop é uma aplicação para PC que permite a sincronização de dados entre a aplicação no Palm e seu PC.

Essa sincronização é feita através do Hot Sync Manager (HSM).

O HSM implementa várias funções:

- Instalação de programas a partir do PC para o Palm
- Manutenção do registro das sincronizações entre o PC e o Palm
- Log de erros de comunicação
- configuração do tipo de conexão que estamos usando: serial, infravermelho ou modem

A comunicação do Palm Desktop Software com o *handheld* é chamada *two – way synchronization,* onde somente os registros alterados são transferidos, reduzindo assim o tempo de sincronização. As mudanças realizadas são atualizadas em ambas as plataformas.

No caso da aplicação que escrevemos nesse livro, implementamos somente o programa no Palm e não no desktop.

No entanto, nós utilizamos o HotSync Manager quando instalamos o programa para rodar no Palm. Neste caso, ele funcionou apenas para transferir arquivos entre os equipamentos.

Para o desenvolvimento de uma aplicação para desktop que permita a troca de informações com uma aplicação no Palm, no mesmo estilo do Palm Desktop software, é necessário utilizar um **conduíte (conduit)**.

Podemos ilustrar a atuação do Hot Sync Manager e de um conduíte da seguinte forma:

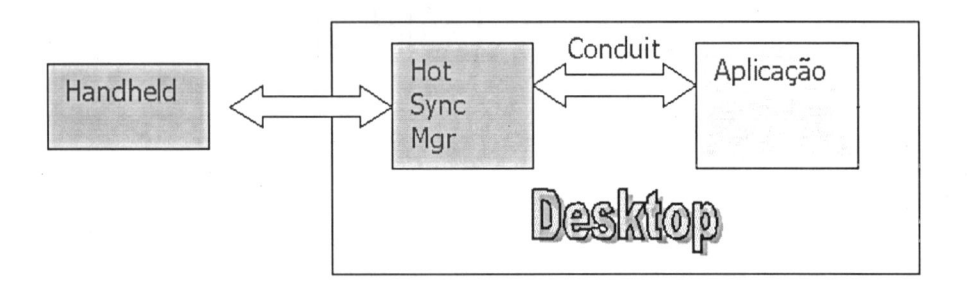

Figura 10.1 - Conduítes

# Conduíte

Conduítes são aplicações para PCs que possibilitam o acesso, a partir do desktop, do sistema de arquivos do Palm.

Elas permitem ler e escrever diretamente em arquivos formato PDB a partir do desktop.

Assim, por exemplo, podemos sincronizar um banco de dados do desktop diretamente para o Palm através de uma aplicação conduíte.

Não faz parte do escopo deste livro demonstrar o desenvolvimento de aplicações conduit, no entanto, aqui vão algumas dicas que podem servir para o programador mais experiente que quiser partir para vôos solo mais audaciosos.

Para desenvolver um conduíte, a Palm disponibiliza o CDK (Conduit Development Kit) no site www.palmos.com/dev/tech/conduits

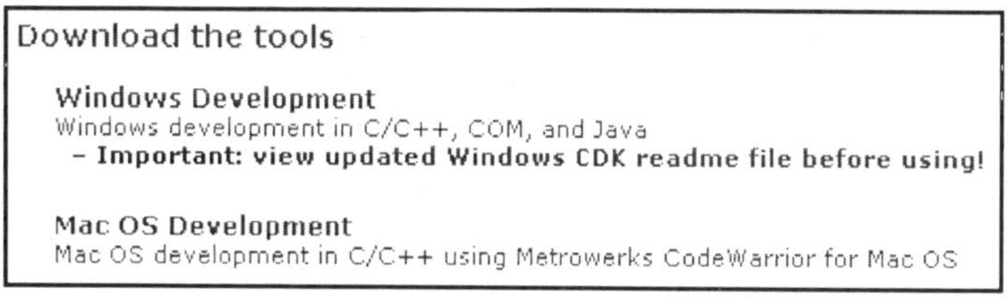

```
Download the tools

Windows Development
Windows development in C/C++, COM, and Java
 - Important: view updated Windows CDK readme file before using!

Mac OS Development
Mac OS development in C/C++ using Metrowerks CodeWarrior for Mac OS
```

Figura 10.2 - Opção de download do CDK para Windows

A partir desse site você pode baixar o kit da Palm, clicando em Windows development, mas vai precisar de paciência se não tiver uma conexão rápida. O kit para Windows tem 52 MB de tamanho.

O kit mais recente disponibilizado pela Palm e batizado de COM SYNC SUITE possibilita o uso de qualquer linguagem que suporte o COM (Microsoft Component Object Model) o que inclui, é claro, o uso do nosso VB 6.0 como ferramenta de programação.

A interface de programação (API) do COM Sync Suite implementa classes e objetos que podem ser usados no VB. Dessa forma, o programador VB não precisa recorrer a programação em C ou C++ para implementar o conduíte.

Os conduítes em geral não têm interface com o usuário, sua missão está mais relacionada com a transmissão e recepção de dados, mas são programas que rodam no desktop e têm acesso a todo o arsenal de programação já disponível para plataformas desktop.

Desenvolvimento de aplicações conduit e aplicações para Palm são em última análise disciplinas distintas.

# Tipos de conduítes

Na plataforma Windows existem 3 tipos de conduítes:

- Conduíte de instalação
- Conduíte de backup
- Conduíte de sincronização

O conduíte de instalação é criado para possibilitar a instalação de aplicações e bancos de dados no Palm. O Hot Sync Manager possui um conduíte de instalação que permitiu a instalação de nosso programa no Palm sem que precisássemos desenvolver um.

O conduíte de backup copia para o desktop programas e bancos de dados que possuem o bit de cópia (backup) ativado, permitindo assim maior segurança para as informações que estão no Palm. O HotSync Manager possui também esse conduíte, o que nos permite ter backup da nossa aplicação por default.

Já o conduíte de sincronização pode implementar qualquer tarefa que o programador queira realizar de forma totalmente independente. É claro que para isso ele vai depender das funções de programação que o CDK (Conduit Development Kit) disponibiliza.

# O Universal
# Conduit da AppForge

Apesar do AppForge ser uma ferramenta para desenvolvimento de aplicações para Palm, não para conduítes, a versão profissional do AppForge implementa o Universal Conduit.

O Universal Conduit da AppForge pode ser configurado para sincronizar qualquer fonte de dados ODBC (por exemplo, uma tabela Access ou Oracle) com uma tabela PDB que tenha a mesma estrutura de dados.

Isso pode ser muito útil para desenvolvimento rápido de aplicações corporativas que precisem sincronizar dados. Por exemplo, uma aplicação para uma força de vendas que poderia atualizar remotamente os bancos de dados de estoque via modem ao final do dia, contabilizando as vendas realizadas.

# Capítulo 11

## A comunidade de desenvolvimento

A comunidade de desenvolvedores para Palm OS cresceu de forma exponencial nos últimos anos.

O aumento da capacidade de processamento dos *handhelds*, bem como um aumento na disponibilidade de hardware para expansões da funcionalidade desses equipamentos, como impressoras, câmeras para serem acopladas e teclados dobráveis, traz uma ampla gama de possibilidades de uso.

Não estamos apenas com uma agenda eletrônica sofisticada e poderosa para marcar compromissos, mas com dispositivos móveis de computação que podem ser usados em aplicações cada vez mais complexas.

O sistema operacional Palm OS é usado não somente em dispositivos da Palm, mas também foi licenciado por empresas como Sony, HandSpring, Kyocera/Qualcomm, Symbol Technologies, HandEra.

Com ferramentas de desenvolvimento rápido como o **AppForge**, a tendência é que a comunidade de desenvolvedores se amplie cada vez mais.

# Programa
# para desenvolvedores

A Palm mantém um programa para desenvolvedores (*Palm OS Developer Program*) que possibilita o acesso à mais variada gama de informações sobre o sistema operacional Palm OS, bem como informações específicas do hardware.

No site da Palm http://www.palmos.com/dev/programs/pdp você encontrará uma visão geral de como funciona.

Para se associar ao programa existem dois níveis possíveis:

- **Basic Level Membership**
  Este nível não tem nenhum custo associado e oferece ao desenvolvedor códigos exemplo, base de dados e informações técnicas sobre ferramentas de desenvolvimento.

- **Advantage Level Membership**
  Além das informações do nível básico, esse nível oferece ainda um CD trimestralmente, com informações técnicas e suporte técnico direto.

Para que você tenha um benefício maior nesse tipo de programa, é recomendável que tenha um conhecimento de inglês técnico para leitura.

A associação pode ser feita on-line e o procedimento é simples.

Para fazê-lo, vá à página *Join* na URL http://www.palmos.com/dev/programs/pdp/join.html

Figura 11.1 - Programa para desenvolvedores

# A base de conhecimento

No site da Palm existe também uma base de dados de artigos sobre o Palm OS, que você poderá usar para aumentar seus conhecimentos sobre o sistema operacional. Nela podemos pesquisar artigos técnicos através de palavras chaves.

O endereço na web é: http://oasis.palm.com/dev/kb

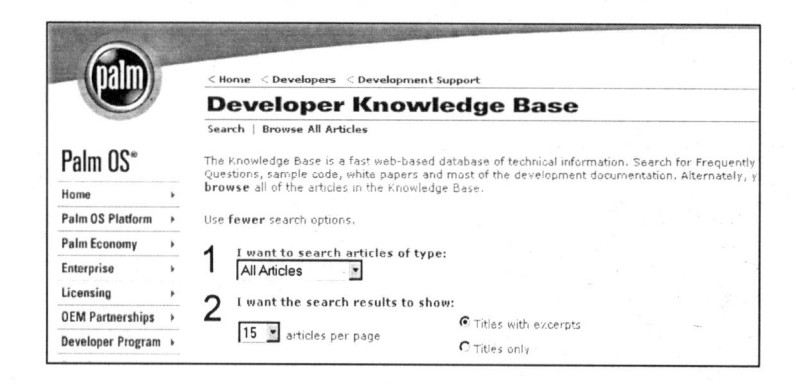

Figura 11.2 - Base de conhecimento na web

# Recursos
# para o desenvolvedor

Para incentivar o desenvolvimento para sua plataforma, a Palm também criou o Resource Pavillion e o Developer Seeding Area (Área de fomento ao desenvolvedor, numa tradução livre).

Para ter acesso a essas áreas é necessário que você possua pelo menos a senha do Basic Level Membership. O que é muito fácil de obter e totalmente gratuito.

Com essa senha, você poderá ter acesso aos requisitos para participar do Developer Seeding Area.

Trata-se de um programa que dá ao desenvolvedor benefícios como:

- Reportar problemas de código

- Imagens de ROM para uso com o Palm OS emulator (emulador que pode ser usado para testar os programas em seu computador pessoal)

- Pesquisas de mercado
- Códigos-fonte do Palm OS selecionados
- Informações sobre programas de marketing

Com a senha do Basic Level Membership você tem acesso ao Resource Pavillion e lá pode obter as informações para se qualificar para o programa Developer Seeding Area.

Para ter acesso a esses programas é necessário preencher um acordo de confidencialidade e submetê-lo a análise pela Palm, que irá analisar seu perfil de desenvolvedor para aprová-lo.

# O mercado de aplicações para Palm OS

O número de aplicações para a plataforma Palm aumenta a cada dia, e ainda existe um campo fértil para ser explorado. E o melhor é que ainda é um mundo em construção, ou seja, nele estão grandes oportunidades. E para construir, você precisa de duas coisas:

- Criatividade
- Ferramentas

Bem, se você programa ou quer programar, certamente já tem a primeira, e agora com o AppForge você já tem também a segunda.

Aqui vão alguns exemplos de sites na web, onde estão disponíveis programas para Palm OS. Alguns grátis, outros à venda. Isso pode dar uma idéia dos tipos de aplicações existentes no mercado.

1. www.palmgear.com
   Nesse site você encontra mais de 13.000 títulos disponíveis para download, bem como uma área exclusiva para desenvolvedores. Existe uma área dedicada a programas escritos com o Appforge. Nela você pode também se cadastrar como desenvolvedor e distribuir sua aplicação através do site. Para ver as condições, faça seu registro como desenvolvedor através da opção Developer.

2. www.handango.com
   Faça uma pesquisa com a palavra chave AppForge e terá dezenas de aplicações disponíveis. Aqui você também pode se registrar como desenvolvedor, através do programa software partners. Tudo pode ser feito on-line.

3. www.freewarepalm.com
   Este é mesmo o site para software grátis para Palm. Centenas de programas disponíveis. Um bom local para submeter uma versão de demonstração de um produto.

4. www.palmland.com.br
   Muita informação sobre a plataforma Palm, incluindo hardware, notícias, eventos e artigos. Um excelente veículo para manter-se informado o tempo todo sobre o que acontece no mundo Palm. Também possui uma seção dedicada ao Palm OS em www.palmland.com.br/palmos

5. www.clubepalm.com.br
   O primeiro site brasileiro para desenvolvedores de plataforma Palm. Você pode se sentir à vontade entrando em contato com outros programadores. Artigos, tutoriais, enfim, uma comunidade crescendo a cada dia.

6. www.palm.com/enterprise/studies
   Nesse site da Palm você encontra estudos de caso de sucesso de inúmeros segmentos da indústria automotiva, educacional, financeira, manufatura, transportes e força de vendas.

7. www.appforge.com/prod/case_studies/casestudies.html
   Nesse endereço da AppForge Você encontrará soluções desenvolvidas com AppForge para vários segmentos.

8. www.palm-br.com.br
   Grupo de usuários e desenvolvedores Palm com notícias, análises, dicas de sites, informativos e bate-papo de usuários e desenvolvedores.

9. www.portalpalm.com.br
   Notícias, artigos, classificados, entrevistas e fórum de debates.

Como você sabe, neste mundo globalizado em que vivemos a demanda por esse tipo de aplicação será cada vez maior.

Assim, esteja preparado quando ela chegar e aprenda a programar com o AppForge.

# Apêndice

## Diferentes versões do AppForge no CD-ROM

Quando escrevi este livro, o AppForge estava em sua versão 2.1. Durante os trabalhos de edição, a versão 2.1.1 foi lançada. A AppForge forneceu então sua última edição para inclusão no CD-ROM que acompanha o livro. Assim, neste CD, temos as duas versões: 2.1 e 2.1.1.

O autorun do CD, bem como o Capítulo 1 do livro, irá guiá-lo pela instalação da versão 2.1.

A versão 2.1.1 foi incluída no diretório chamado **Versão 2.1.1**. Nesta versão, a AppForge criou um processo de instalação, especialmente para os leitores deste livro, que não necessita da solicitação da chave de licença pela Internet. Assim, se você instalar a versão 2.1.1, não será necessário utilizar o procedimento descrito no Capítulo 1 para obtenção da chave de licença. Para efeito de programação e do uso do programa que acompanha o livro, não há diferença na utilização de uma versão ou outra.

A versão 2.1.1 traz algumas melhorias na performance do conversor de bancos de dados, com mais de 15000 registros e melhorias no instalador do Palm OS, que não afetarão o programa criado ao longo do livro.

Se você desejar instalar a versão 2.1.1, o que eu recomendo, poderá fazê-lo da seguinte forma:

- No CD, entre no diretório **Versão 2.1.1**
- Abra o diretório **AppForge**

- Dê um duplo clique em **AppForgeCD2.exe**

- Os passos de instalação serão os mesmos do Capítulo 1, exceto no que se refere ao processo de obtenção da chave de licença, que não será mais necessário.

Adicionalmente, a AppForge também incluiu a atualização do VB 6.0 para o service pack 5. Ela está no diretório **VB6SP5**. Desse modo, você não precisará fazer o download da Internet, salvando horas de conexão (a atualização tem 60 MB).

No Capítulo 1, menciono o pré-requisito mínimo da instalação do service pack 3 para o VB 6.0, que pode ser satisfeito com a instalação do service pack 5 que está no CD-ROM que acompanha o livro.